子平粹言

제3권

子平粹言

제3권

東海 서락오 지음
김학목 | 이진훈 | 김규승 | 오청식 옮김

도서출판 어은

::저자 소개::

東海 서락오 徐樂吾

민국民國 초년의 대표적인 명리학자로 음력 1886년 4월 6일에 출생하여 1948년에 63세로 사망하였다. 그의 저술로는 『자평진전평주子平眞詮評註』, 『적천수징의滴天髓徵義』, 『적천수보주滴天髓補註』, 궁통보감평주『窮通寶鑑評註』, 『조화원약평주造化元鑰評註』등으로 명리학의 고전을 정리한 것이 있고, 또 고금의 유명한 인물들의 사주를 풀이한 『고금명인명감古今名人命鑑』과 명리학의 연원을 설명한 『명리심원命理尋原』과 처음 명리를 배우는 자들을 위한 『명리입문命理入門』등이 있다. 그의 대표적 저서는 이 모든 것이 종합·정리된 『자평수언子平粹言』이다.

『자평수언』의 서문[子平粹言序]

余久不執筆屬文, 老友徐子樂吾持所著子平粹言來屬序於余. 蓋以數年來, 同棲海濱, 朝夕相聚, 每見輒互以命理相切嗟, 反覆辯難, 恆至宵分晷移而不覺. 富貴窮通, 有天末浮雲之感, 雖不能樂天知命, 而中懷蕭曠, 超然于塵滏之表.

나는 오랫동안 글을 쓰지 않았는데 내 친구 서락오가 자신이 지은 『자평수언』을 가지고 와서 나에게 「서문」을 부탁했다. 몇 년 동안 바닷가에서 함께 살면서 아침저녁으로 서로 만났고, 그때마다 명리命理로 서로 절차탁마하며 반복해서 논박하고 질문하다가 항상 밤이 깊어지는 것을 알지 못했다. 부유함과 귀함, 곤궁과 출세가 먼 하늘 끝에 바람 따라 흘러가는 구름과 같은 느낌이니, 비록 천명을 기꺼이 알 수는 없을지라도 마음을 비우고 속세에 구애되지 않았다.

吾二人固別有會心, 實不足爲外人道也. 余性尤疎嬾, 不受覊勒, 讀書不求甚解, 略知大意而已. 樂吾則沈潛好深思, 終日手不停批抵輒忘寢饋, 十年以來, 所撰述之命理書籍甚夥. 均已先後刊印行世, 網羅放失, 補缺拾遺, 有功於斯道, 誠非淺鮮.

우리 두 사람은 유달리 깨친 것이 있었지만 실로 바깥사람들에게 말할 정도는 되지 못하였다. 내 성격은 더욱 거칠고 게으르며 구속을 당하지 않아 책을 읽어도 깊이 이해하지 않고 대충 큰 뜻만 아는 정도이다. 그런데 서락오는 푹 빠져 깊이 생각하는 것을 좋아하여 종일토록 손에 책을 놓지 않고 침식을 잊을 정도여서 10년 이래로 찬술한 명리서적이 매우 많다. 모두 앞뒤로 간행하여 세상에 내놓으면서 망실된 것을 망라하고, 빠뜨린 것을 보충하였으니, 명리학에 공이 있는 것이 실로 적지 않다.

今又以斯編行世, 薈萃各家精義, 作一有系統之編述. 由淺入深, 秩序井然, 綱擧目張. 有條不紊. 俾後之學者, 以津梁寶符, 不致有歧路亡羊之惑, 其功可謂偉矣. 余每嘆世之談命理者, 非失之膚淺, 卽失之穿鑿.

　지금 또 이 책을 세상에 내놓으면서도 여러 학자들의 정밀한 뜻을 모아 체계적으로 저술하였다. 얕은 곳에서 깊은 곳으로 들어감에 질서정연하고, 강목綱目이 드러나고 펼쳐짐에 조리가 있고 문란하지 않다. 그리하여 후세의 학자들이 안내와 증거를 가지고 갈림길에서 양을 잃어버리는 잘못을 저지르지 않게 했으니 그 공이 크다고 평가해야 한다. 내가 매번 세상에서 명리를 말하는 자들에게 탄식했던 것은 겉만 얕게 훑는 데에 잘못이 있기 때문이 아니라 천착하는 데에 잘못이 있기 때문이다.

樂吾披荊斬棘, 獨往獨來, 康莊日闢, 彼岸可登, 其苦心孤詣, 非庸流所可企. 嗟乎, 士生斯世, 破國亡家, 決頸短脰, 其遭遇之慘痛, 爲有史以來所罕遘. 然冥冥之中, 若有數存焉, 欲窮其數, 則命學之于今日, 誠一堪研究之學術, 則斯編之出, 實可應時代之要求者矣. 用贅數言, 以當喤引云爾.

그런데 서락오는 가시밭길을 헤치고 나가 혼자서 왕래하며 사통팔달의 큰 길을 날마다 열어 저 암벽에 올라 갈 수 있었으니, 그가 고심하며 혼자 이른 경지는 범인들이 바라볼 수 있는 것이 아니다. 아! 선비가 세상에 태어났는데 국가가 망하여 목이 잘리니, 그들이 겪는 비통함은 유사 이래로 드물다. 그러나 아득히 망망한 가운데 수(數)가 있는 것 같아 그 수를 궁리하려고 하면, 명리학은 오늘날 진실로 한 번 연구할 만한 학술이니, 이 책이 나옴으로 실로 시대적 요구에 부응할 수 있을 것이다. 쓸데없이 몇 마디를 시끄럽게 가져와서 말했을 뿐이다.

民國念七年淸明日, 桐城方重審, 序於海上之小忘憂館.
민국 7년 청명일에 동성桐城 방중심方重審이 짧게나마 근심을 잊고 있는 바닷가 객사에서 서문을 쓰다.

자서[自序]

　我國星相卜筮之術, 皆始於易. 易之體爲儒術, 而其用則在奇門, 散爲星相卜筮, 皆奇門之一枝一節. 星命者, 摘取奇門中星象之關於人事者, 演繹而成, 故非精於推步者, 不能言命.

　중국의 성명상술星命相術과 복서卜筮의 술수는 모두 『역』으로부터 시작되었다. 역의 본체는 유가의 학술인데 그 쓰임이 기문奇門에서 성명상술과 복서로 흩어졌으니, 모두 기문의 한 줄기와 한 절이다. 성명星命이란 기문 가운데에서 별자리가 인간의 일과 관련된 것을 가려 뽑아 연역하여 이루어진 것이기 때문에 추보推步[1])에 정통하지 않으면 명命을 말할 수가 없다.

　洎唐李虛中, 以年月日時五行盛衰生死論祿命, 始與推步分而爲二. 然納音神煞未離星法, 格局名詞, 猶仍舊貫. (詳下古法論命) 自五代徐子平, 乃盡革之, 專從氣化立論, 以日爲主, 屛棄神煞納音, 而以五行生尅爲論理根據, 乃命理之一大轉變. 及後徐道洪輩繼起, 代有發明, 薈

---
1) 추보推步: 별자리와 책력을 추산하는 것이다. 옛 사람들은 해와 달이 하늘에서 회전하는 것이 사람의 행보와 같으니, 추산하여 알 수 있다고 생각했다.

然成一家言.

당나라의 이허중(李虛中)에 와서야 연년·월월·일일·시시와 오행五行의 성성·쇠쇠와 생생·사사로 '사람의 타고난 운명[祿命]'을 논하니, 비로소 추보推步와 나뉘어져 둘이 되었다. 그러나 납음納音과 신살神煞은 성명법星命法에서 분리되지 않았고, 격국格局의 이름은 여전히 그대로였다. (아래 옛날의 명을 논하는 법에서 자세히 설명함.) 오대五代[2]의 서자평徐子平이 모두 바꾸어 오로지 기의 변화로 입론하여 날일을 위주로 하면서부터 신살과 납음을 모두 버리고 오행의 상생상극을 논리의 근거로 하니, 그제야 명리학을 한 번 크게 변혁시켰다. 후에 서도홍徐道洪 등이 일어나 대를 이어 밝힘으로써 성대하게 한 학파의 학설을 이루었다.

後之人宗法子平, 而又不明神煞之用. 拾星家之糟粕, 以眩流俗. 於是, 信之者, 目爲神祕, 不信者, 嗤爲迷信. 究之子平學理, 曷嘗有絲毫神祕迷信之意味, 存乎其間哉. 專門學術, 非流浴所能解. 而從來談命之書, 星平雜糅, 初學之士, 難分涇渭, 歧路多端, 是誠不能免也, 嘻奇門遠矣.

후대 사람들은 자평子平을 종법으로 삼아 또 신살神煞의 쓰임에 밝지 못하였으니, 성명가들의 조잡한 것들을 모아 속세를 현혹시켰

---

[2] 오대:五代. 중국中國의 동진東晉이 망한 뒤부터 당唐나라 이전以前까지의 198년 동안에 번갈아 가며 흥망興亡한 다섯 왕조王朝.

다. 이에 믿는 자들은 신비하게 보았고, 믿지 않는 자들은 미신이라고 비웃었다. 자평의 명리를 탐구하는 데에 어찌 조금이라도 신비하고 미신적인 의미가 그 사이에 끼어들겠는가? 전문 학술은 세속이 이해할 수 있는 것이 아니고, 종래의 명을 논하는 책에는 성명과 자평이 뒤섞여 있어 처음 배우는 자들은 청탁을 구별하기 어려워 여러 가지로 헷갈리는 것을 실로 면할 수가 없으니, 아! 기문奇門까지는 갈 길이 멀다.

今之談星命者, 旣不解推步之術, 遵照成法, 依樣一膚. 而不知歲差所積, 日積月累, 已有毫釐千里之差. 況民國以來, 台曆絶版, (七政四餘時憲書) 推衍失其根據, 遑論星命餘緖之古法矣. 惟有子平之術, 專談氣化, 五運六氣, 人所共喩, 察人生之秉賦, 推一世之窮通. 貧富貴賤壽夭以及環境變幻, 咸見之於八箇字中. 雖不及奇門之精奧微妙, 而社會上千差萬別之人類, 胥不能出其範圍, 斯亦奇矣.

지금 성명星命을 논하는 자는 모두 추보推步의 술수를 이해하지 못하여 기존의 방법을 따라 모방하는 것이 천박하고, 세차歲差가 쌓여 해와 날에 누적되는 것을 알지 못해 벌써 털끝만한 차이가 천리처럼 변해 버렸다. 게다가 민국 이후로 태력台曆(칠정사여시헌서七政四餘時憲書)이 절판되어 미루어 부연하는 데에 근거가 없으니, 성명星命과 관계된 옛 방법들을 무슨 말인지 알아들을 수 없게 설명한다. 자평의 술수만이 오로지 기의 변화를 논함에 오운육기五運六氣를 사람들이 함께 깨달아 인생의 선천적 자질[秉賦]을 살피고 한 세대의 곤궁과 출세를 추론하니, 빈부·귀천·요수와 환경변화를 모두 팔자 八字 가운데에서 알게 되었다. 기문의 정밀함과 미묘함에는 미치지 못하지만 사회에서 천차만별한 인간들이 모두 그 범위에서 벗어날 수 없으니, 이것이 또한 기이하다.

僕讀書無成, 壯不能用, 老而無聞, 病沒世而名不稱也. 爰不揣簡陋, 徧集命理術數之書, 撮取子平學說, 重爲編次. 三易寒暑, 屢更稿本, 方始成書. 名之曰子平粹言. 語雖異乎流俗, 義皆本於舊籍. 復以古法一編附於後, 以見淵源, 雖未敢儕於科學, 庶冀後之學者易於入門, 不爲歧路所惑. 或能精益求精, 發揚光大, 進而入於科學之林, 亦我國學術之光也. 是爲序.

내가 책을 읽고 성취한 것이 없어 장년에는 과거에 등용되지 못하였고 노년에는 명성이 없어 죽어서도 이름이 알려지지 않는 것에 가슴이 아팠다. 이에 미천함을 헤아리지 않고서 명리와 술수에 대한 책들을 두루 모아놓고는 주로 자평의 학설을 택해 거듭 순서대로 정리했다. 추위와 더위가 세 번 바뀌는 가운데 다시 원고를 고쳐 비로소 책을 만들고는 『자평수언』이라고 이름을 붙였다. 세상에서 쓰는 표현과 다를지라도 그 의미들은 모두 옛 서적에 뿌리를 둔 것이다. 다시 옛 방법 한 편을 뒤에 덧붙인 것은 그 연원을 드러낸 것이니, 비록 감히 과학의 배열에 끼지 못할지라도 후대에 배우는 자들이 쉽게 입문하고, 이상한 길로 빠지지 않기를 바란다. 혹 더 깊이 연마하고 광대하게 드러내 과학의 영역으로 나아가 들어간다면, 또한 우리나라 학술의 찬란함일 것이다. 이것으로 서문을 대신한다.

  民國念七年歲次戊寅仲春, 東海徐樂吾序於海上寓次.
  민국 7년 세차歲次 무인년戊寅年 중춘仲春에 동해東海 서락오徐樂吾가 바닷가 집에서 서문을 쓰다.

추천하는 말

여흥의 씨앗

신명神明을 통한 위로가 시작되었다.

예술적 놀이를 통한 흥[樂]!
철학적 가설을 통한 황홀恍惚!
역학적 사유를 통한 사실事實!

그들은 특이성을 가지고 있다.

사람을 존중하기에 예술을 통하여 놀이하고, 놀이는 배려가 되어 사람들을 위로한다. 사람이 아프기에 철학적 가설을 통하여 황홀한 삶을 제시한다. 사실은 사람에 의하여 전하여 왔고 전하여야 하니 역학적 사유를 통하여 자연이 부여한 삶을 인정하게 한다.

그들이 서로의 흥을 내어 놓는다.

한 자리에 모여 힘겨운 삶에 흥과 황홀 그리고 사실을 일러주고자 합일하였다. 자신을 위한 삶은 잠시 쉬어가자 하면서 사람을 위로할 신명을 내었다. 김학목 박사와 오청식 박사는 가설을 만들고 그들의 신명은 황홀을 내어놓는다. 김규승 선생은 예술놀이를 하면서 그의 신명은 흥을 내어놓는다. 이진훈 선생은 하늘과 경經을 번갈아 공경하면서 그의 신명은 사실을 내어놓는다.

그들은 이제부터 싹이다.

벼가 창고를 나와 볍씨가 되고 못자리에 도착하여 논에 갈 때까지 90일이 걸린다. 벼는 논에서 먼저 하늘을 우러러 본 후에 고개를 숙여 땅을 바라보고, 창고에 도착할 때까지 90일이 걸린다. 이제 그들은 논의 싹이다. 자신들을 만들고 사람을 위로하고자 나타난 논의 싹이 된 것이다. 머지않아 독자들의 창고를 가득 채울 것이고 밥상 위의 밥이 될 것이니 그들의 황홀과 흥과 사실을 맛있게 드시면 될 것이다.

Homo Ludens가 시작되었다.

2015 을미년 4월 계룡산 향선각에서
창광 김성태 두 손 모음

역자를 대표하는 말

『자평수언』 1권은 2015년 9월 20일에, 2권은 2016년 5월 20일에 출간된 다음에 2000년 4월 중순 이제 3권과 4권의 원고 편집이 마무리되고 있다. 1권은 명리기초에 대한 서락오 나름의 정리이다. 2권은 용신 격국에 대한 서락오의 핵심인데, 이제 이것이 3권에서도 계속 이어지고 있으니, 여기에 관심 있는 독자들에게 도움이 될 것으로 본다. 4권은 고법 명리에서 중요한 것들을 서락오가 핵심을 추려 정리한 것이니, 명리의 근원을 연구하는 독자들에게 많은 도움이 될 것으로 본다.

1권과 2권의 출간 후에 4년이라는 세월이 흐른 뒤에 3권과 4권을 내놓게 되어 독자들에게 무척 죄송하다. 여러 가지문제가 겹쳐 나름대로 복잡한 사정 때문에 그렇게 될 수밖에 없었으니, 독자들께서 관대하게 이해해 주시기를 빌 뿐이다.

역자 대표 김학목 본인은 그동안 10년 이상 강의와 임상을 통해 명리학에 대한 것들을 정리하여 (주)민음인의 브랜드 판미동에서 『명리명강』과 『엄마의 명리공부』를 출간하였다. 명리에 관심 있는 분들이라면 누구나 읽을 수 있게 기초에서 고급까지 간략하면서도 자세히 설명하였고, 인사동 건국빌딩 1호동 402호실에서 강의를 하고 있으니, 『자평수언』의 독자들께서도 관심을 가져 주시고 명리에 관심 있는 주변의 분들께 권해 주시길 부탁드린다.

2020 경자년 4월 12일
계양산 서북 기슭 검암동에서
역자 대표 해송 김학목이 3권과 4권의 서문을 씀

역자의 말

　명리학에서 『연해자평淵海子平』을 제외하고 3대 보고라 일컫는 『자평진전子平眞詮』, 『적천수適天髓』, 『난강망欄江網』에 대해 평주評註를 쓴 서락오徐樂吾는 우리나라 명리학사命理學史에서 언제나 뜨거운 논쟁의 중심에 서 있다. 명리학을 공부하신 분들은 자신들이 원하던 원하지 않던 간에 서락오에게 직간접적으로 많은 영향을 받고 있다. 그 이유는 용신用神개념·음생양사陰生陽死-음양동생동사陰陽同生同死, 야자시夜子時, 조자시早子時 등에 대해 수많은 사람들이 현재까지 끊임없이 논쟁하고, 또한 『자평진전평주』에서 알 수 있듯이 원전의 의도를 무시하고 서락오 자신의 의도대로 설명했다고 하는 의견이 명리학을 공부하는 많은 사람들에게 지금까지 끊임없이 지적되고 있기 때문이다.

　그동안 『자평수언』은 대학이나 재야에서 강의 교재로 부분적으로 번역하여 발표한 적은 있으나 아직까지 전체의 번역이 시도된 적은 없었으니, 명리를 하는 분들께는 이번의 번역·출간이 단비와 같은 일이 아닐 수 없다. 서락오가 고전의 의도를 그대로 드러낸 것은 아닐지라도 말년에 나름대로 명리학 3대 고전의 핵심을 『자평수언子平粹言』에 집대성했다는 점에서 이번의 번역·출간은 서락오의 명리체계를 파악하는 데 지극히 중요한 역할을 할 수 있다. 그러니 이 책의 출간 후에 나머지도 빠른 시간 내에 이어서 계속 출간해 나가겠다. 이것은 명리학을 공부하는 한 사람으로서 학문을 하는 자세이고 또한 선각과 선배에 대한 예의라고 본다.

그간의 명리서들은 대부분 번역본 분량이 많음에도 장서용으로 제본되어 실질적으로 가지고 다니면서 공부하는 데는 불편함이 많기 때문에 전철이나 버스에서도 쉽게 볼 수 있도록 책을 나누어 편집하기로 하였다. 책은 책장에 꽂혀있는 장식용이 아니고, 읽혀지면 과감히 던져 버릴 수 있어야 한다. 저자나 역자, 그리고 출판사의 입장이 아닌 독자의 입장에서 쉽게 소지할 수 있도록 책을 나누었다. 고전이라는 형식의 권위와 무게를 과감히 벗어던지고 오로지 독자의 편리성과 현실성에 초점을 맞추도록 노력했는데, 독자들의 입장에서는 어떨지 모르겠으니, 책의 형식이나 번역 등에 대해 아낌없는 조언을 부탁드린다.

명리의 인구가 100만을 향하는 시대다. 명리에 대한 관심이 계속 늘어나면서 이에 대한 공부도 질적으로나 양적으로나 깊어지고 확산 되고 있다. 40대 장년층은 물론 젊은 대학생에서부터 퇴직을 하신 60-70대의 노년층에 이르기까지 명리학에 대한 관심이 고루 분포하고 있다. 60년대에 한의학이 제도권내로 들어와서 발전해 온 것처럼, 21세기를 맞이하여 명리학도 제도권내로 들어오려는 움직임이 있다. 그러니 이에 발맞춰 명리 고전에 대한 깊이 있는 번역뿐만 아니라 명리학에 대한 체계적인 저술이 절대적으로 간절히 필요한 시기다.

현재 우리나라의 명리학 수준도 크게 발전해 왔다. 독자의 입장에 맞추어 그동안 목말라왔던 『자평수언』의 번역·출간을 계기로 학계에 계신 분들이나 재야의 숨은 고수 분들의 견해나 의견을 존중·수렴하여 『자평수언』에 대한 연구와 비판을 준비할 계획이다. 곧 책의 의미를 한 방향의 일반적 전달이 아닌 명리 연구자들은 물론 그 독자들까지의 의견을 반영함으로써 살아있는 책을 만들려고 준비하는 중이니, 독자 여러분들께서 온 오프라인을 통해 적극적으로 소통을 해 주시길 부탁드린다.

2015 을미년 4월 3일
분당 운중동에서 어은 김규승이 서문을 보탬

:: 목차 ::

- 『자평수언』의 서문 5
- 자서 8
- 추천하는 말 13
- 역자를 대표하는 말 15
- 역자의 말 17

제5편 등급의 감별[第五編 鑒別等差]

  1. 격국의 높음과 낮음을 논함[論格局高低] 25

    1) 진과 가[眞假] 25

      (1) 육을서귀격六乙鼠貴格 28

      (2) 육신조양격六辛朝陽格 29

      (3) 일록귀시격日祿歸時格 30

    2) 허와 실[虛實] 30

      (1) 비천록마격飛天祿馬格 32

      (2) 도충록격倒冲祿格 34

      (3) 정란차격井欄叉格 34

      (4) 자요사격子遙巳격축요사격丑遙巳格 35

      (5) 육갑추건육임추간격六甲趨乾六壬趨艮格 36

20

        (6) 전인합록전식합록격專印合祿專食合祿格 37
        (7) 형합격刑合格 38
        (8) 합록합귀격合祿合貴格 39

    3) 청과 탁[淸濁] 42
    4) 유력과 무력[有力無力] 45
    5) 유정과 무정[有情無情] 46
    6) 단결[團結] 51

2. 징험을 논함[論徵驗] 65
    1) 부귀한 명조[富貴命] 68
    2) 부유한 명조[富命] 74
    3) 맑고 귀한 명조[淸貴命] 78
    4) 빈곤한 명조[貧困命] 81
    5) 장수하는 명조[壽考命] 85
    6) 병을 앓는 명조[殘疾命] 89
    7) 단명하는 명조[夭殤命] 91
    8) 도적의 명조[盜賊命] 95

3. 태원胎元이 명궁命宮보다 중요함 98

4. 세와 운을 논함 상[論歲運上] 109
    1) 대운[大運] 110
    2) 태세[太歲] 147
    3) 세와 운에 대한 총론[總論歲運] 157

5. 세와 운을 논함 하[論歲運下] 165

21

6. 인원 용사의 다과를 논함[論人元用事多寡] 188

7. 분야를 논함 상[論分野上] 209
    1) 경도와 위도의 선[經緯線] 212
    2) 다섯 기후대[五帶] 216
        (1) 경도와 명리의 관계[經度與命理之關系] 220
        (2) 중국각지의 기온표[中國各地氣溫表] 226
        (3) 경도의 선과 명리의 관계[經度與命理之關系] 233

8. 분야를 논함 하[論分野下] 239

제5편

등급의 감별
[第五編 鑑別等差]

참고 『삼명통회』 『적천수징의와 보주』
[參考書三命通會滴天髓征義及補註]

1. 격국의 높음과 낮음을 논함 [論格局高低]

格局高低之分, 滴天髓以眞假清濁分高下. 子平眞詮以有情無情有力無力辨優劣義理槪括. 初學讀之, 不免茫然. 玆分別詳釋之. (一)眞假, (二)虛亂, (三)清濁, (四)有力無力, (五)有情無情, (六)團結.

격국의 높음과 낮음에 대한 분류는 『적천수』에서 진眞·가假와 청清·탁濁으로 높음과 낮음을 분류하였다. 『자평진전』에서는 유정有情과 무정無情 및 유력有力과 무력無力으로 우열優劣과 의리의 개괄을 구별하였다. 처음 배우는 자들이 읽기에는 막막하겠기에 이에 '(1) 진眞과 가假, (2) 허虛와 실實, (3) 청清과 탁濁, (4) 유력有力과 무력無力, (5) 유정有情과 무정無情, (6) 단결團結'로 나눠 상세히 풀이하였다.

1) 진과 가[眞假]

看法中之最重要者, 爲用神之眞假. 何謂眞神. 日元者, 天賦於我之性質也. 月建者, 時令之氣也. 以我所秉之性質, 合之於時令, 缺陷在何處, 補救須何神, 此能補救之神, 適來爲我所用, 是爲眞神.

보는 법에서 가장 중요한 것은 용신의 진眞과 가假이다. 무엇을 진신眞神이라고 하는가? 일원日元은 하늘이 나에게 부여한 성질이다. 월건月建은 절기의 기운이다. 내가 가진 성질을 절기의 기운에 합해 어디에 결함이 있으면 반드시 어떤 신神을 보충하려고 구하니, 이것이 와서 내가 용신으로 삼으면 이것이 진신眞神이다.

譬如日元爲木, 生於夏令. 木者我天賦之性質也. 夏令火旺, 木氣 枯槁, 得水潤之則榮, 是夏令之木, 以水爲眞神也. 生於冬令, 水凍木槁, 得火暖之則榮, 是冬令之木以火爲眞神也. 需要迫切, 得之則成, 失之則敗. 補救挽回, 恃此一點, 是爲眞神. 可有可無, 可得而更易者, 皆假神也.

비유하자면, 목木 일원으로 여름철에 태어날 경우, 목은 하늘이 나에게 부여한 성질이다. 火氣가 왕성한 여름철은 木氣를 고갈시켜 水가 적셔준다면 꽃이 피니, 여름철의 목은 수로 진신을 삼기 때문이다. 겨울철에 태어났다면 수는 얼고 목은 말라 화가 따뜻하게 해주면 꽃이 피니, 겨울철의 목은 화로 진신을 삼기 때문이다. 수요가 다급함에 그것을 얻으면 성공하고 잃으면 실패한다. 보충하고 만회하는 것이 여기의 한 가지에 의지하면 진신眞神이다. 있을 수도 있고 없을 수도 있으며 얻었지만 다시 바뀔 수 있는 것은 모두 가신假神이다.

更辨木之性質, 甲爲向旺之木, 生於三月, 春深木老, 必得庚金劈之, 方能引生丁火, 而成木火通明之象. 故三月甲木, 以庚丁並用爲上格. 辛丙, 假神也.

다시 목木의 성질을 나누겠다. 갑甲은 왕성함을 구하는 목으로 3월에 태어났으면 봄이 깊어 목이 늙었으니, 반드시 경금庚金으로 쪼개주어야 정화丁火를 끌어당겨 생함으로 목화통명木火通明의 상을 이룰 수 있다. 그러므로 3월의 갑목甲木은 경庚과 정丁을 함께 용신으로 삼아야 상격이고, 신辛과 병丙은 가신假神이다.

乙木則不然, 乙爲向衰氣竭之木, 只宜丙火暖之, 癸水潤之, 乙木自得繁榮. 壬丁無益, 庚丁亦無所用, 皆假神也. 明乎此, 則用眞神之所以爲貴, 亦顯然可見. 十干生十二月, 何者爲眞神, 詳上提要, 不贅. 總之用神眞假, 爲命理之關鍵. 格局高下所由分也.

을목乙木은 그렇지 않다. 그것은 쇠약함을 향해 기가 고갈된 나무로 단지 병화丙火가 따뜻하게 해주고 계수癸水가 적셔주면 저절로 자라나 꽃을 피운다. 임壬과 정丁은 무익하고 경庚과 정丁도 쓸 곳이 없으니, 모두 가신假神이다. 이것에 분명해지면 진신眞神을 쓰는 것이 귀한 까닭을 환하게 알 수 있다. 10간이 12달에 나옴에 어느 것이 진신眞神인지는 위의 요약에서 상세히 언급하였으니 지저분하게 덧붙이지 않겠다. 총괄하자면 용신의 진眞과 가假는 명리학의 관건으로 격국의 높음과 낮음이 그것에서 나누어지는 것이다.

眞神而適爲月令當旺之氣, 則無有不大富貴者, 如劫印化晉格是, (詳上提要.) 蓋眞神而兼有力也.

진신인데 월령의 왕성한 기운으로 나아간다면 크게 부귀하지 않은 경우가 없다. 이를테면 '겁재와 인성으로 교화하여 나아간다[劫印化晉]'는 것이 여기에 해당하는데, (위의 요약에서 자세히 언급하였음) 대개 진신眞神이면서 유력有力함을 겸했기 때문이다.

從來命書中之外格雜格, 雜亂紛歧, 毫無系統. 而眞正合格者, 輒成富貴, 蓋卽合於六種分別之一也. 關於眞神之格局如下.

종래의 명서에서 외격과 잡격은 뒤엉키고 어지럽게 갈라져 조금도 체계가 없었다. 그러나 진정으로 격에 합치하는 것은 쉽게 부귀를 이루니, 여섯 종류로 분별한 하나에 합하였기 때문이다. 진신의 격국에 관한 것은 다음과 같다.

(1) 육을서귀격 六乙鼠貴格

明通賦, 陰木獨遇子時, 沒官星, 乙鎭鼠窠最貴. 金聲玉振賦, 六乙鼠貴, 愛見食神. 眞寶賦, 鼠貴帶食資印曜. 蓋六乙生於三夏, 月令食傷當旺, 無水濕潤, 木性枯焦, 見時上子水爲救, 必爲貴格. 是以子水爲眞神也.

『명통부明通賦』에서 "음목陰木은 유독 자시子時를 만나면 관성을 없애니, 을乙이 쥐의 보금자리를 진압하는 것은 아주 귀하다"라고 했고, 『금성옥진부金聲玉振賦』에서 "여섯 을목에서 쥐가 귀한 것은 식신을 보는 것을 좋아하기 때문이다"라고 했으며, 『진보부眞寶賦』에서 "쥐가 귀한 것은 식신을 두르고 인성에 의지하여 빛을 발하는 것이다"라고 했다. 대개 여섯 을목이 삼하三夏의 계절에 태어나면 월령인 식상이 왕성하니, 수의 적셔줌이 없으면 목이 바짝 말라 타들어 가니, 시주에서 자수子水가 구제하면 반드시 귀격이다. 이 때문에 자수가 진신眞神이다.

(2) 육신조양격 六辛朝陽格

喜忌篇, 六辛日, 時逢戊子, 嫌午位, 運喜西方. 金聲玉振賦, 六辛朝陽, 何妨肩劫. 辛金氣本衰竭, 生於春夏, 體弱質柔, 畏火之剋, 亦忌土厚埋金, 惟有用癸水得淸輕之氣以洩其秀, 功成反生. 並宜得比肩劫才之助, 故云何妨肩劫也. 子水眞神, 所以取貴

『희기편喜忌篇』에서 "여섯 신일辛日은 시주에서 무자戊子를 만나면 오午의 자리를 싫어하고 운이 서방으로 흘러가는 것을 반긴다"라고 했고, 『금성옥진부』에서 "여섯 신辛이 아침의 양陽이면 어찌 비견과 겁재를 꺼릴까?"라고 하였다. 신금辛金은 기운이 본래 쇠퇴하고 다함으로 봄과 여름에 태어나면 체질이 유약하여 화의 극을 꺼리고 또한 토가 두터워 금을 묻는 것을 꺼리니, 오직 계수癸水를 용신으로 맑고 가벼운 기운을 얻어 이 그 왕성함을 누설함으로 공을 이뤄 도리어 사는 것이다. 아울러 비견과 겁재의 도움을 얻어야 하기 때문에 "어찌 비견과 겁재를 꺼릴까?"라고 하였던 것이다. 자수가 진신이기 때문에 귀함을 취한다.

(3) 일록귀시격 日祿歸時格

明通賦云, 日祿歸時沒官星, 號青雲得路, 元理賦, 歸祿得財而獲福, 無財歸祿必須貧. 蓋歸祿成格, 必因月令財星, 或食傷秉令. 日元衰弱, 惟恃時支一點此祿幫身, 是祿爲眞神也.

『명통부』에서 "일간의 건록이 시로 돌아가면 관성을 없애나 큰 꿈이 길을 얻는다"라고 하였다. 『원리부元理賦』에서 "건록에 돌아가 재성을 얻으면 부를 이루지만 재성 없이 건록에 돌아가면 반드시 가난하다"라고 하였다. 건록에 돌아가 격을 이룬 것은 반드시 월령이 재성이거나 식상이 법을 휘두르는 것이다. 일원이 쇠약하면 오직 시지의 한 점 건록에 의지하여 자신을 도와야 하니, 여기의 건록이 진신이다.

2) 허와 실[虛實]

四柱明見者爲實, 不見者爲虛. 書云, 用實不如用虛. 又云, 見不見之形,抽不抽之緖, 所謂不見之形, 卽虛神是也. 凡我所需要之眞神, 原命雖不明見, 而四柱干支, 暗冲之暗合之, 衆矢一鵠, 集於一點, 神完氣足, 是爲虛神. 必須全局干支集中於此一點, 方爲可用. 若單見一二支 冲合者, 非是. 參閱子平一得, 外格詮釋篇.

사주에서 분명하게 드러나는 것이 실實이고 드러나지 않는 것이 허虛이다. 책에서 "실實을 용신으로 하는 것은 허虛를 용신으로 하는 것만 못하다"라고 하고, 또 "보아도 보이지 않는 형태, 뽑아내도 뽑히지 않는 실마리가 이른바 보이지 않는 형태이다"라고 하였는데, 곧 허신虛神이 여기에 해당한다. 나에게 필요한 진신眞神이 원국의 명조에서 분명하게 드러나지 않을지라도 사주의 간지에서 보이지 않게 충冲을 하거나 드러나지 않게 합合을 하면, 많은 화살이 과녁을 하나로 하여 한 점에 모임으로 신神은 완전하고 기氣는 풍족하니, 이것이 허신虛神이다. 반드시 전체 원국의 간지가 여기의 한 점으로 집중해야 용신으로 할 수 있다. 단지 한둘의 지지가 충을 하거나 합을 하는 것은 여기에 해당하는 것이 아니다. 자평을 참조하여 한편으로 얻었으니, 외격에서 설명하고 풀이한 편이다.

又地支聯珠夾拱, 而夾拱之物, 適爲我所需要之眞神, 則亦可用. 夾拱之物, 而非需要, 或助身旺, 或助用神, 通根得氣, 無異明見. 最次者, 亦爲支辰團結, 見下團結節. 此二者皆爲用虛, 若明見, 則實而非虛. 言破格者, 謂非此格局, 與損壞格局之破格, 有不同也. 關於用虛神之格局如下.

또 지지에 연결된 구슬이 서로 껴안고 있는데, 껴안은 것이 마침내가 필요한 진신이라면 또한 용신으로 할 수 있다. 껴안고 있는 것이 필요한 것이 아니라면 혹 왕성한 자신을 돕거나 용신을 도울 것이며, 통근하여 기운을 얻은 것은 분명하게 드러나는 것과 다를 것이 없다. 그 다음은 지지의 단결이니 아래의 단결절團結節을 보라. 여기의 두 가지는 모두 허를 용신으로 한 것이다. 분명하게 드러난다면 실實이지 허虛가 아니다. 파격을 말하는 자들은 이런 격국과 훼손된 격국의 파격과는 같지 않은 점이 있지 않다고 한다. 허신을 용신으로 하는 격국에 관한 것은 아래와 같다.

(1) 비천록마격 飛天祿馬格

明通賦云, 庚壬子沖午祿, 切忌丙丁. 丙午丁巳準此. 最忌刑沖. 壬子癸亥例同. 亦防塡實. 喜忌篇云, 若逢傷官月建, 知凶處未必爲凶, 內有正倒祿飛, 忌官星亦嫌羈絆.

『명통부』에서 "경庚의 임자壬子가 오午의 건록을 충함에 병丙과 정丁을 절대 삼간다. 병오丙午와 정사丁巳도 여기에 준해 형하고 충하는 것을 가장 꺼린다. 임자壬子와 계해癸亥의 사례가 같으니, 또한 실實을 묻는 것을 막는다"라고 하였고, 『희기편』에서 "상관 월건을 만나면 흉한 곳이 반드시 흉함이 아니라 속에 정록마와 도록마가 있으면, 관성을 꺼리고 또한 기반된 것을 싫어한다는 것을 알 것이다"
라고 하였다.

按, 飛天祿馬爲傷官格之變, 庚日生於十一月, 四柱見子字多, 暗合巳宮戊土, 或對冲午宮丁己, 更得一字會合巳午, 則火土之虛神可用. 金水傷官生於冬令, 本以見官星爲貴, 四柱無官星, 不得己取官星之虛神爲用. 四柱得三子字冲合之, (力量倍增, 與三合理同.) 更得一字明合, 則全局精秘貫注於一點. 天干更見辛癸暗合丙戊, 或壬甲暗合丁己, 格局更完備矣. 填實則不能用虛神, 故云破格.

살펴보건대, 비천록마격은 상관격이 변한 것이니, 경庚일간이 11월에 태어나 사주에 자子자가 많은데 사궁巳宮의 무토戊土와 암합暗合하거나 오궁午宮의 정丁·기己와 정면으로 부딪히고, 다시 한 글자가 사巳·오午와 모여서 합하는 것을 보면, 화火·토土의 허신虛神을 용신으로 할 수 있다. 금金에 수水 상관이 겨울철에 태어나면 본래 관성을 보는 것을 귀함으로 여기나 사주에 관성이 없으면 어쩔 수 없이 관성의 허신을 취하여 용신으로 삼는다. 사주에 세 子자가 충하고 합하면서(역량이 배로 늘어나니 삼합의 이치와 동일함) 다시 한 글자가 분명하게 합하면 전체 원국의 정신이 한 곳으로 관통하는데, 천간에 다시 신辛·계癸가 병丙·무戊와 암합하거나 임壬·갑甲이 정丁·기己와 암합하면 격국이 다시 완비된다. 실實을 묻어버리면 허신을 용신으로 할 수가 없기 때문에 파격이라고 하였다.

(2) 도충록격 倒冲祿格

卽飛天祿馬. 辛亥癸亥丙午丁巳, 爲倒冲祿馬.

곧 비천록마의 신해辛亥 계해癸亥 병오丙午 정사丁巳는 도충록마 倒冲祿馬이다.

(3) 정란차격 井欄叉格

井欄叉格, 明通賦云, 庚日全逢潤下, 忌壬癸巳午之方. 時遇子申, 其福減半. 按, 井欄叉與飛天祿馬意同, 亦爲傷官格之變. 飛祿以三子合冲對宮巳午, 井欄叉以申子辰, 全對冲寅午戌火局, 亦取火土虛神爲用.

정란차격은 『명통부』에서 "庚일간이 모두 윤하를 만나면 임壬·계癸와 사巳·오午의 방향을 꺼리고, 시주에서 자子·신申을 만나면 그 복이 절반으로 줄어든다"라고 하였다. 살펴보건대, 정란차와 비천록마는 의미가 동일한 것으로 또한 상관격이 변한 것이다. 비록은 세 자子의 합과 충으로 궁宮 사巳·오午를 맞이하는 것이다. 정란차는 신자진申子辰으로 모두 인오술寅午戌 화국火局을 마주하여 충하는 것이니, 또한 화火·토土의 허신虛神을 취하여 용신으로 한 것이다.

(4) 자요사 子遙巳 축요사격 丑遙巳格

明通賦云, 甲子日逢子時, 沒庚辛申酉丑午, 謂之祿馬飛來. 辛癸丑合巳官, 須嫌子巳. 按子遙巳格, 以甲日生於子月, 柱見子字多, 以子中癸水合巳宮戊土爲用. 丑遙巳, 以辛癸日生於丑月, 以丑中癸辛暗合巳宮丙戊爲用. 皆用其虛神也. 甲日生仲冬, 水旺 木浮, 必須取戊土止水寒, 木向陽, 更宜丙火調候. 辛癸生季冬, 亦不離丙火爲用, 丙戊爲極需要之眞神. 原局雖不明見, 而支神暗合, 全局干支, 集中於此一點, 則巳宮丙戊, 自遙作聲援, 暗爲我所用矣.

『명통부』에서 "갑자甲子 일주가 자시子時를 만나면 경庚·신辛·신申·유酉·축丑·오午를 없앤다"라고 하였으니 록마祿馬가 날아온 것을 말하는 것이다. 신辛의 계축癸丑이 사巳관과 합하면 반드시 자子·사巳를 꺼린다. 살펴보건대, 자요사子遙巳격은 갑甲 일간이 자子월에 태어나 사주에서 자子를 보는 것이 많으면, 자子에 있는 계수癸水가 사巳궁의 무토戊土와 합해 용신이 된다. 축요사丑遙巳격은 신辛·계癸 일간이 축丑월에 태어나 축丑에 있는 계癸·신辛이 사巳궁의 병丙·무戊와 암합하여 용신이 된다. 그러니 모두 그 허신을 용신으로 한 것이다. 갑 일간이 자子월에 태어남으로 수가 왕성하여 목이 떠다님에 반드시 무토戊土로 수의 차가움을 정지시키면 목이 양陽을 향하니 다시 병화로 조후를 해야 하는 것이다. 신辛·계癸가 축丑월에 태어남에 또한 병화로 용신을 삼지 않아서는 안되니, 병丙·무戊가 아주 필요한 진신眞神이다. 원국에 분명히 드러나지 않을지라도 지지의 신神이 암합하면 전체 원국의 간지가 여기 한 점으로 집중하니, 사巳궁의 병丙과 무戊는 멀리서 성원함으로 암암리에 나의 용신이 된 것이다.

(5) 육갑추건육임추간격 六甲趨乾六壬趨艮格

乾, 亥也. 艮, 寅也. 眞寶賦云, 六壬趨艮, 透財印以爲奇. 官煞相侵, 反貧窮而下賤. 六甲趨乾喜財印, 而位重名高. 歲運刑沖, 並煞官而災興禍至. 蓋甲祿在寅, 四柱見亥多, 取亥暗合寅祿爲用. 壬祿在亥, 四柱見寅多, 取寅暗合亥祿爲用. 此類格局, 必以四柱財多, 印被財破, 不能不用比肩制財護印(祿卽比肩), 以祿爲眞神, 乃能取貴也.

건乾은 해亥이고, 간艮은 인寅이다. 『진보부眞寶賦』에서 "여섯 임壬이 간艮으로 달려감에 재성과 인성이 드러나 있는 것을 기이하게 여긴다. 관살이 서로 침범하면 도리어 빈궁하게 되어 천하다. 여섯 갑甲은 건乾으로 달려감에 재성과 인성을 반기니, 지위가 무겁고 명성이 높다. 세운에서 형과 충을 만남에 관살과 나란히 하면 재앙과 우환이 생긴다."라고 하였다. 갑甲의 건록이 인寅에 있는데, 사주에 해亥를 보는 것이 많으면, 그 암합 인寅록을 취해 용신으로 삼는다. 임壬의 건록이 해亥에 있는데, 사주에 인寅을 보는 것이 많으면 그 암합 해亥록을 취해 용신으로 한다. 이런 종류의 격국은 반드시 사주에 재성이 많음으로 인성이 그것에 파괴를 당함에 비겁을 용신으로 하여 재성을 제압함으로 인성을 보호하지 않을 수 없으니(건록이 바로 비겁임), 건록을 진신으로 삼아야 귀함을 취할 수 있다.

(6) 전인합록전식합록격 專印合祿專食合祿格

喜忌篇, 庚申時逢戊日, 名食神干旺之方, 歲月犯甲丙卯寅, 此乃遇而不遇. 明通賦云, 癸無丙火戊己, 庚申時, 合一巳之財官. 蓋戊日庚申時, 名專食合祿. 戊祿在巳, 原命食神太旺, 洩弱戊土之氣, 取申合巳, 暗取巳宮之祿爲用. 癸日庚申時, 名專印合祿. 原命印太旺, 以申暗合巳, 取巳宮丙戊財官爲用. (以官爲祿, 解見下神煞釋義) 此類格局, 必以巳宮之祿, 或丙戊財官, 爲原命所需要之眞神, 方能取貴. 否則, 雖見合格, 未必卽以貴取也.

「희기편喜忌篇」에서 "경신庚申 시주가 무戊 일간을 만나면 식신 천간이 왕성한 방향이라고 이름 붙이는데, 세월이 갑甲 병丙 묘卯 인寅으로 어긋나면, 이것은 그야말로 만나도 만나지 않은 것이다"라고 하였다. 「명통부明通賦」에서 "계癸가 병화와 무戊·기己가 없고 경신庚申 시주에 사巳라는 하나의 재와 관에 합한다는 것이다"라고 하였다. 무戊 일간이 경신庚申 시주라면 전식합록專食合祿이라고 이름 붙인다. 무戊는 건록이 사巳에 있는데, 원래의 명조에서 너무 왕성한 식신이 무토戊土의 기운을 누설하여 약하게 함에 신申이 사巳와 합하는 것을 취하니, 암암리에 사巳궁의 건록을 취하여 용신으로 한 것이다. 계癸 일간에 경신庚申시는 전인합록專印合祿이라고 이름 붙인다. 원래의 명조에서 인성이 너무 왕성한데 신申이 사巳와 암합하기 때문에 사巳궁의 병丙·무戊재관을 취해 용신으로 한 것이다.(관을 건록으로 한 것으로 풀이는 아래에서 신살을 풀이한 의미를 참조하라.) 이런 종류의 격국은 반드시 사巳궁의 건록 혹 병丙·무戊라는 재와 관이 원래 명조에서 필요한 진신眞神으로 귀함을 취할 수 있는 것이다. 그렇지 않다면 격에 합할지라도 반드시 곧 귀한 것으로 취할 수 없다.

(7) 형합격 刑合格

明通賦, 六癸日而無干土, 得甲寅時, 寅刑巳格奇. 意義與專印合祿同, 取巳宮丙戊財官爲用. 惟非申合, 而取寅刑耳.

「명통부明通賦」에서 "여섯 계수癸水 일간이면서 천간에 토가 없는데, 갑인甲寅시라면 인寅이 사巳를 형刑하는 격이 더욱 기이하다"라고 하였다. 의미는 전인합록專印合祿과 같으니, 사巳궁의 병丙·무戊라는 재와 관이 용신이다. 단지 신申과 합이 아니어서 인寅의 형刑을 취했을 뿐이다.

공록공귀공재관인격 拱祿拱貴拱財官印格

所拱祿貴, 適爲需要用神, 方成貴格. 否則, 僅爲得氣爲助爲忌, 非一定也.

껴안고 있는 건록과 귀인이 마침 필요한 용신이면 귀격을 이룬다. 그렇지 않다면 겨우 기운을 얻어 도움도 되고 꺼림도 되니 일정한 것이 아니다.

(8) 합록합귀격 合祿合貴格

甲祿在寅, 不見寅而見亥, 爲合祿. 貴在丑未, 不見丑未而見子午, 爲合貴, 皆取虛神.

갑甲의 건록은 인寅에 있는데, 인寅이 없고 해亥가 있다면 합록合祿이다. 귀인은 축丑과 미未인데 축丑과 미未가 없고 자子와 오午가 있다면 합귀合貴이니 모두 허신虛神을 취한 것이다.

古人見一奇格, 立一名稱. 雜格之名多如牛毛. 其中最奇幻者, 莫如用虛神, 如上列諸格, 皆是, 所謂不見之形是也. 然命理移步換形, 非列擧所能盡, 知舍實用虛之理, 則可類推. 如山東韓復渠命.

옛 사람들은 어떤 기이한 격을 보면, 그에 맞는 이름을 붙여 불렀으니, 잡격에 대한 이름은 수 없이 많다. 그 중에서 아주 이상하고 허황된 것은 허신虛神을 용신으로 하는 것만한 것이 없으니, 위에서 제시한 것이 모두 이런 것으로 이른바 볼 수 없는 형태가 여기에 해당한다. 그러나 명리에서 발걸음을 떼며 형태가 변하는 것은 예를 들어 다할 수 있는 것이 아니어서 실實을 버리고 허虛를 사용하는 이치를 알면 종류대로 미룰 수 있다. 이를테면 산동山東 한복거韓復榘의 명조이다.

己　庚　庚　辛　　命宮　子
卯　午　寅　卯　　胎元　巳

庚生寅月絶地, 午宮己土出干, 絶處逢生, 此乃取貴之一端. (曾載滴天髓補註)若言其用神格局則不止此. 兩卯冲酉, 午破酉, 胎元巳合酉, 西宮辛金之用出干, 四柱雖不見酉, 有酉之虛神在, 此暗刃也. 金雖臨絶地而暗强, 加以命宮子成子午卯酉四冲之局, 庚午日坐官印, 丁己得祿, 時卯財星得祿, 財官印三奇成格, (日時井胎爲卯巳午, 名三台星, 卽乙丙丁三奇) 暗成官刃, 明見三奇. 春金喜比劫幫助, 陽刃虛神爲需要之眞神. 取午宮丁火相制成格, 此所以總握重兵, 貴爲方面歟. 又唐紹儀命.

경庚이 인寅월 절지絶地에서 태어났다. 오궁午宮의 기토己土가 천간에 있어 절처봉생絶處逢生이니 이야말로 가장 귀한 명조의 하나이다.(『적천수보주에 실어놨음) 용신격국用神格局을 말한다면 여기에 그치지 않는다. 두 묘卯가 유酉를 충冲하고 오午가 유酉를 파破하는데, 태원胎元 사巳가 유酉에 합하고, 유궁酉宮에서 신금辛金의 용用이 천간에 있다. 사주에 유酉가 보이지 않을지라도 유酉의 허신虛神이 있어 여기에서 암인暗刃이고, 경금庚金이 절지에 있을지라도 암암리에 강하니, 명궁 자子에 영향을 미쳐 자오묘유子午卯酉 사충四

沖의 격국을 이룬다. 경오庚午 일주로 관성과 인성에 앉아 있어 정丁과 기己가 건록을 얻었고, 시주의 묘卯 재성이 건록을 얻어 재성과 관성과 인성이 삼기로 격을 이루었으니,(일시가 태원을 아울러 묘사오묘巳午가 되었으니 삼태성三台星 곧 을병정乙丙丁 삼기라고 이름 붙임) 암암리에 관인官刃을 이루며 분명하게 삼기로 드러냈다. 춘금春金은 비겁이 돕는 것이 반갑고, 양인陽刃 허신虛神이 필요한 진신이다. 오궁午宮의 정화丁火가 서로 재제하는 것을 취해 격을 이루니, 이 때문에 중요한 군권을 총체적으로 장악하여 한쪽으로 귀하게 되었다. 또 당소의唐紹儀의 명조이다.

己 丙 庚 辛
丑 辰 子 酉

丙火生十一月, 冬日無溫, 必須印劫助, 迫切需要, 非此不能取貴. 此造酉子夾戌亥, 辰丑夾寅卯, 月時子丑居中, 年日酉辰爲夾, 寅亥合木, 卯戌合火, 暗劫暗印, 適補其缺. 運行木火, 貴爲總揆. 書云, 用實不若 用虛, 洵至言也. 以上兩造, 曾爲格局所無. 蓋拱夾非必爲福, 須視其所拱之神爲用則貴, 爲助則吉, 爲忌則凶, 爲用而又適爲眞神, 故大貴也.

병화가 11월에 태어나 겨울날에 온기가 없으니 반드시 인성과 겁재로 도움을 삼아야 할 정도로 수요가 절박하니, 이것이 아니면 귀함을 취할 수 없다. 이 명조는 유酉와 자子가 술戌과 해亥를 끼고 있고, 진辰과 축丑이 인寅과 묘卯를 끼고 있어 월주와 시주의 자子와 축丑이 가운데 있는 것이고, 연주와 일주의 유酉와 진辰이 끼고 있는 것이다. 인寅과 해亥가 목木으로 변하고, 묘卯와 술戌이 화火로 변하니, 암암리에 겁재가 되고 인성이 됨으로 마침 그 결점을 보충하였다. 운이 목木과 화火로 흘러 수상이 될 정도로 귀하게 되었다. 이상의 두 명조는 모두 격국에 없는 것이다. 껴안고 있는 것이 반드시 복이 되는 것은 아니지만 모름지기 껴안은 신神을 봄에 용신이면 귀하고 도움이 되면 길하며, 꺼리면 흉하다. 용신인데도 마침 진신眞神이기 때문에 아주 귀한 것이다.

3) 청과 탁[清濁]

全局八个字, 地位配合皆適當, 除用神喜神外, 別無閑神夾雜其間, 是謂之清. 如用才官, 而才藏官露, 官不重出, 煞不混雜, 有印而印生日主, 不洩官星之氣, 不爲才所破, 是因地位配合適當而清也. 原命一神一用, 體用相生, 或三神成象, 如水木火相生. 水生木, 不剋火, 亦謂之清 也. 全局氣勢偏於一方, 格成從化專旺, 而無違逆或洩弱旺氣之神, 亦謂之清也. 反之則爲濁. 原命有病, 得藥爲救, 清也. 更見傷救應之神, 須轉輾救護則濁矣. 清濁兩字, 有非文字言語所能形容者, 多看八字, 自能覺悟 八字清純專一, 則品格地位自高. 故清之一字, 亦爲格局高下分別之一也. 關於清之一類格局.

전체 원국의 여덟 글자에서 위치의 배합이 모두 적당하고, 용신과 희신을 제외하고 별도로 그 사이에 한신閑神이 혼잡하게 끼어있지 않으면 이것을 청淸다고 한다. 재才와 관官을 용신으로 하는데 재는 감추어져 있고 관이 드러나 있음에 관이 거듭해서 나오지 않고 살煞이 혼잡하지 않으며, 인성이 있어 그것이 일주日主를 생하고 관성의 기운을 누설하지 않으며 재가 그것을 파괴하지 않으면 바로 위치의 배합이 적당해서 청淸한 것이다. 원래 명조의 어떤 신神과 어떤 용신이 몸체와 용신으로 서로 생하거나 혹 세 신神이 형상을 이룸에 이를테면 수水·목木·화火가 서로 생해 수가 목을 생하고 화를 극하지 않으면 또한 청淸하다고 한다. 이와 반대이면 탁濁한 것이다. 원래 명조에 병病이 있으나 약藥을 얻어 구제되면 청淸한 것이다. 그런데 다시 구제하여 호응하는 신神을 해치게 되면, 모름지기 구제하여 보호하는 것으로 전전하니 탁하다. 청淸과 탁濁 두 글자는 글이나 말로 표현할 수 있는 것이 아니나 팔자를 많이 보면 깨달을 수 있다. 팔자가 청순하고 전일한 것은 품격과 지위가 저절로 높기 때문에 청淸이라는 한 글자도 격국의 높음과 낮음을 구별하는 하나이다. 청淸에 관련된 격국의 한 종류는 다음과 같다.

四位純全, 子午卯酉, 或寅申巳亥, 或辰戌丑未全.
네 자리가 순수하고 온전한 것으로 자子·오午·묘卯·유酉, 혹은 인

寅·사巳· 신申·해亥, 혹은 진辰·술戌·축丑·미未가 온전한 것.

天元一氣, 或地支一氣, 或四柱干支皆同.

천원이 하나의 기운으로 혹은 지지가 하나의 기운으로 혹은 사주 간지가 모두 같은 것.

兩干不雜, 蝴蝶雙飛格. 蝴蝶雙飛, 謂四柱兩干兩支分而爲二.

두 천간이 혼잡되지 않은 호접쌍비격. 호접쌍비는 사주의 두 천간과 두 지지가 나누어져 둘로 된 것임.

三朋格, 天地德合格. 三朋者, 三干相同, 天地德合者, 干支上下相合.

삼붕격, 천지덕합격. 삼붕은 세 천간이 서로 같은 것이고, 천지덕합은 천간과 지지가 상하로 서로 합하는 것임.

以上格局, 惟取其淸. 爲貴爲賤, 仍觀其用, 雖有增强之益, 不能單獨爲格. 如上文飛天祿馬井欄叉諸格, 除以眞神虛神爲用外, 兼取其淸. 非干支集於一點, 專一純粹, 不能成格也.

이상의 격국에서는 단지 청청한 것만 취했다. 귀함을 삼고 천함을 삼는 것은 그대로 그 용신을 봄에 증강하는 보탬이 있을지라도 독단적으로 격으로 할 수 없다. 이를테면 앞에서 비천록마격·정란차격의 여러 격은 진신과 허신으로 용신을 삼는 것을 제외하고 아울러 그 청함을 취함에 간지가 한 곳으로 모여 전일하고 순수하지 않으면 격을 이룰 수 없다는 것이다.

4) 유력과 무력[有力無力]

全局旋乾轉坤, 藉此一神, 而此神又逢生得祿, 則爲用神有力. 若藏支而不出干, 則爲力不足, 須有運程扶助. 若此旋干轉坤之神, 卽是月令 當旺之氣, 則無有不富貴者. 蓋卽月令眞神得用也. 有力無力之辨, 在於(一)得用, (二)當旺, (三)通根. 而其尤緊要者, 在於得用. 關於此類之格局.

전체 원국이 건乾을 돌고 곤坤을 전전하며 여기의 어떤 신神에 의지하는데, 여기의 신이 또 생지를 만나고 건록지를 얻는다면 용신이 힘이 있는 것이다. 지지에 감추어져 천간에 있지 않다면 힘이 부족한 것이니, 반드시 운의 진행에서 도와야 한다. 여기의 건乾을 돌고 곤坤을 전전하는 신神이 월령으로 왕성한 기운에 해당하면 부귀하지 않은 자가 없으니, 곧 월령을 진신으로 용신을 얻은 것이다. 유력과 무력의 구분은 (1) 용신을 얻음, (2) 왕성함에 해당함, (3) 통근에 있다. 그런데 더욱 긴요한 것은 용신을 얻음에 있다. 이런 종류에 관련된 격국은 아래와 같다.

衆煞猖狂, 一仁可化. 官煞太多, 旋乾轉坤, 在於一印引化也. 一將當關,群邪自服. 官煞雜亂, 得一食神制之, 或比劫太多, 得 一偏官制之, 是也.

여러 살煞이 거리낌이 없어 하나의 인仁이 교화시키는 것. 관살이 너무 많아 건을 돌고 곤을 전전하는 것이 하나의 인印으로 끌어당겨 교화하는 것. 하나의 장군이 관문을 지킴에 모든 나쁜 것들이 저절로 항복하는 것. 관살이 혼잡하여 어지러움에 하나의 식신을 얻어 제재하거나 혹 비겁이 너무 많음에 하나의 편관을 얻어 제압하는 것이 여기에 해당함.

歲德正官格. 藉年上一位正官, 以挽回全局之氣勢也.
세덕정관격. 연년의 정관 한 자리로 전체 원국의 기세를 만회함.

時上一位貴格. 藉時上一位偏官, 以挽回全局也.
시상일위귀격. 시時의 편관 한 자리로 전체 원국을 만회하는 것.

5) 유정과 무정[有情無情]

情與力, 皆無形迹可言, 然無力猶可藉運程扶助. 若無情, 則格局根本無所取. 故情尤爲重要, 茲分別說明之.

정情과 힘力은 모두 말할 수 있는 형태가 없으나 무력한 것은 오히려 운의 방향에 의지할 수 있다. 무정하다면 격국의 뿌리로는 취할 것이 없기 때문에 정이 더욱 중요하니 분별해서 설명하겠다.

① 몸체와 용신이 같은 궁일 때[體用同宮]

月令支中所藏三神, 同出天干, 適爲日元, 及喜用之神, 名體用同宮. 滴天髓云, 令上尋眞聚得眞. 味一聚字, 不特同宮並透者爲眞神, 且爲月令當旺之神, 是未有不大富貴者, 以其有力而兼有情也. 地支中藏的用神爲陽干, 透出的也爲陽干, 所藏之用爲陰干, 透出者亦爲陰干, 此爲有情而淸.

월령의 지지 지장간으로 소장된 세 신이 함께 천간에 있으면서 마침 일원이고 희신과 용신일 때 몸체와 용신이 같은 궁이라고 한다. 『적천수』에서 "월령에서 진眞을 찾으면 진眞을 모을 수 있다."라고 했다. '모은다'는 말을 음미하면, 같은 궁에서 함께 투출한 것이 진신일 뿐만 아니라 또 월령에서 왕성한 신에 해당하여 아주 부귀하지 않은 자가 없는 것은 유력한 것에다가 유정을 겸하였기 때문이다. 지지에 소장된 용신이 양간인데 투출한 것도 양간이고, 소장된 용신이 음간인데 투출한 것도 음간이면, 이것은 유정하고 청한 것이다.

如陳濟棠造, 庚寅戊寅甲子丙寅, 寅中甲丙戊三神, 同宮並透是也. 中所藏之用爲陽, 而透出者爲陰干, 所藏之用爲陰透出者爲陽干, 雖陰陽有殊, 氣無二致. 如蔣奉化造, 丁亥庚戌己巳辛未, 戌中所藏爲戊丁辛, 而透出干爲己丁辛, 雖有陰干陽干之殊, 而爲土金傷官佩印則一, 惟氣勢較雜耳. 體用同出月垣最爲貴氣, 若爲年月時支則較損, 以非時令當旺之氣, 力量較遜也.

이를테면 진제당陳濟棠의 명조인 경인庚寅 무인戊寅 갑자甲子 병인丙寅으로 寅의 지장간 무戊·병丙·갑甲 세 신이 같은 궁에서 나란히 천간에 투출된 것이 여기에 해당한다. 지지에 소장된 용신이 양인데 투출된 것이 음간이고, 소장된 용신이 음인데 투출된 것이 양간이면, 음양이 다를지라도 기氣는 일치하지 않음이 없다. 이를테면 장봉화蔣奉化의 명조인 정해丁亥 경술庚戌 기사己巳 신미辛未로 술戌의 지장간이 신辛·정丁·무戊인데 투출된 천간은 기己·정丁·신辛이니, 음간과 양간이 다를지라도 토에 금 상관에다 인성이 있는 것은 동일하고, 단지 기세가 비교적 혼잡할 뿐이다. 몸체와 용신이 동일하게 월지에서 나온 것이 가장 귀한 기운이고, 연년·일日·시時의 지지에서라면 비교적 줄어든다. 월령에서의 왕성한 기운이 아니라면 역량이 비교적 뒤처진다.

② 취한 것과 투출한 것이 같은 궁일 때[聚透同宮]

月支藏用齊出天干, 雖非用神却能輔助以成格, 如辛生丑月, 干透己癸, 食印兼資, 癸生丑月, 干透己辛, 煞印相生. 如苏東坡學士造, 丙子, 辛丑, 癸亥, 乙卯, 雖用在丙火, 而以癸辛同宮並透 取貴名雪後陽光. 彭剛直公玉鱗命, 丙子, 辛丑, 戊子, 癸丑, 亦用在丙火, 而以丑宮土金水同宮, 並透取貴是也.

월지에 소장된 용신이 가지런히 천간에 나왔을 때, 용신이 아닐지라도 보조해서 격을 이룰 수 있으니, 이를테면 신辛이 축월丑月에 태어남에 천간에 투출된 기己와 계癸 식신과 인성이 함께 의지하고, 계癸가 축월丑月에 태어남에 천간에 투출된 기己와 신辛 살煞과 인印이 서로 생하는 것이다. 이를테면 소동파蘇東坡 학사의 명조인 병자丙子 신축辛丑 계해癸亥 을묘乙卯로 용신이 병화丙火에 있을지라도 계癸·신辛이 같은 궁에서 나란히 나와 귀한 이름을 얻었으니 눈 온 뒤에 따뜻한 햇살이다. 팽강직공彭剛直公 옥린玉麟의 명조는 병자丙子 신축辛丑 무자戊子 계축癸丑으로 역시 용신이 병화丙火에 있고 축궁丑宮의 토土·금金·수水가 같은 궁에서 나란히 투출되어 귀함을 취한 것이 여기에 해당한다.

③ 함께 일순 一旬에서 나왔을 때[同出一旬]

　四柱同出一旬之內, 氣聚而純, 或體用同出一旬, 亦份外親切, 有情而兼有力. 如前行政院長宋子文命, 甲午, 乙亥, 庚辰, 己卯, 月日時同出甲戌旬, 用在財星. 體用在一旬之內是也. 關於此類之格局, 如,

　사주가 함께 일순一旬에서 나오면 기氣가 모여도 순수하고, 혹 몸체와 용신이 일순에서 나오면 또한 이상하게 친절하여 유정하고 아울러 유력하다. 이를테면 전 행정원장 송자문宋子文의 명조인 갑오甲午 을해乙亥 경진庚辰 기묘己卯로 월月·일日·시時가 함께 갑술甲戌 순에서 나옴에 용신이 재성에 있고 몸체와 용신이 일순에 있는 것이 여기에 해당한다. 이런 종류에 관련된 격국은 다음과 같다.

一旬三位巳位格. 年月日時, 在一旬之內, 如上宋造, 卽一旬三位格也.
일순삼위사위격. 연·월·일·시가 일순에 있으니, 이를테면 위의 송자문의 명조가 곧 일순에 삼위 격이다.

前引後從格. 不必一旬之內, 前三辰爲引, 後三辰爲從, 更察於支之神, 如官貴引從也, 祿馬引從, 同爲一格.
전인후종격. 반드시 일순의 안에 있지는 않으나 앞의 세 지지가 이끌고 뒤의 세 지지가 따르는 것이다. 간지의 신神을 다시 살피면, 이를테면 관과 귀인이 이끌고 따르며 록祿과 마마가 이끌고 따라 함께 하나의 격이 된 것이다.

七日來復格, 六位先後格, 八位官星格等. 此種格局, 名稱皆沿五星之舊, 從本命, 數至第几位, 是也. 在子平法中, 取其同旬, 較爲有情有力而已.
칠일래복격, 육위선후격, 팔위관성격 등. 이런 종류의 격국은 이름이 모두 옛 오성五星을 따른 것으로 본래의 명조에 따라 자주 여러 자리에 이른 것이 여기에 해당한다. 자평의 법 가운데에서 같은 순旬을 취하여 비교적 유정하고 유력한 것일 뿐이다.

6) 단결[團結]

團結與散漫, 本包括於有情無情, 有力無力之中, 最普通, 亦最重要. 干支團結, 方有精神格局高低, 由是分別. 初學容易忽略, 故特提出說明之, 團結有種種方式.

단결과 산만은 본래 유정과 무정, 유력과 무력에 포함되니, 가장 일반적인 것이 가장 중요한 것이다. 간지의 단결에 정신과 격국의 높음과 낮음이 있는 것은 이것으로 분별된다. 처음 배우는 사람들은 소홀히 여기기 쉽기 때문에 특별히 설명하는데, 단결에는 여러 가지 방식이 있다.

① 합신 合神

合神者, 五合三合六合也. 古人論命, 最重合神. 有明合暗合上下合左右合, 及上下左右交互相合, 取其氣勢團結, 映帶有情也. 明合, 謂干支明見相合, 如天干五合, 地支三合六合. 暗合者, 地支所藏之干相合, 專取祿旺之氣, 如子巳合亥午合卯申合等是. 上下合, 謂天干與地支藏用相合, 如戊子, 爲戊癸合, 辛巳, 爲丙辛合等是. 左右合, 謂日干與月時支神相合是. 左右交互合, 如辛亥(或癸亥) 見丁巳, 戊午見壬子, 庚寅見己卯, 丙申見乙酉皆是.

합신合神은 오합五合과 삼합三合과 육합六合이다. 옛날 사람들이 명리를 논할 때 합신을 가장 중요하게 여겼는데, 명합明合·암합暗合·

상하합上下合·좌우합左右合과 상하좌우교호상합上下左右交互相合이 있다. 그 기세의 단결을 취하는 것은 유정有情과 연대되기 때문이다. 명합明合은 말하자면 간지가 서로 분명하게 드러나게 합하는 것으로 이를테면 천간의 오합五合과 지지의 삼합三合·육합六合이 여기에 해당한다. 암합暗合은 지지에 소장된 천간이 서로 합하는 것인데, 오로지 건록과 제왕의 기세를 취하니, 자사子巳합 해오亥午합 묘신卯申합 등이 여기에 해당한다. 상하합上下合은 말하자면 천간과 지지에 감추어진 용신이 서로 합하는 것이니, 이를테면 무자戊子는 무계戊癸합이, 신사辛巳는 병신丙辛합이 되는 것 등이다. 좌우합左右合은 일간과 월月·시時의 지신支神이 서로 합하는 것이 여기에 해당한다. 좌우교호합左右交互合은 이를테면 신해辛亥 혹은 계해癸亥가 정사丁巳를, 무오戊午가 임자壬子를, 경인庚寅이 기묘己卯를, 병신丙申이 을유乙酉를 보는 것이 모두 여기에 해당한다.

從前論命者, 以合取貴, 在神煞名爲天貴, 故氣象篇駁之曰, 過於有情, 志無遠達, 滴天髓駁之曰, 合有宜不宜, 合多不爲奇. 言合爲看法之一, 不可一槪以貴取也. 詎意後人槪作化論, 且以羈絆爲忌. 是又校枉過正, 過猶不及矣. 如彭剛直公命, 丙子, 辛丑, 戊子, 癸丑, 四干四支皆合, 何礙於丙火之用. 尹文端公命, 辛巳己亥辛巳己亥, 四柱皆上下相合, 何礙於巳宮丙火之用哉. 要之多合, 則氣勢團聚, 自有一種精神, 雖不能以

合爲取貴之征, 要爲格局優點之一. 關於此類格局, 如,

이전에 명리를 논하는 자들은 합으로 귀함을 취하고, 신살神煞에 있으면 천귀天貴라고 하였기 때문에「기상편氣象篇」에서 "유정有情을 지나쳐 뜻이 멀리 미치는 것은 없다."라고 논박하였고, 『적천수』에서 "합에는 마땅한 것과 마땅하지 않은 것이 있으니, 합이 많다고 기이한 것은 아니다"라고 논박하였다. 합은 간법看法의 하나이니 일률적으로 귀한 것으로 취해서는 안된다는 말이다. 그런데 무슨 의도로 후인들이 화론化論을 만들고 또 기반羈絆을 꺼리는가? 굽은 것을 바로잡음에 곧게 함을 지나쳐 지나침이 모자람과 같게 되었다. 이를테면 팽강직공의 명조로 병자丙子 신축辛丑 무자戊子 계축癸丑은 네 천간과 네 지지가 모두 합이라고 어찌 병화丙火 용신을 꺼리겠는가? 윤문단공尹文端公의 명조 신사辛巳 기해己亥 신사辛巳 기해己亥는 네 기둥이 모두 상하로 합이라고 어찌 사궁巳宮의 병화丙火 용신을 꺼리겠는가? 요컨대 합이 많으면 기세가 단결로 모여 저절로 어떤 정신이 있으니, 합으로 귀함을 취하는 징표로 삼지는 못할지라도 반드시 격국에서 뛰어난 점의 하나이다. 이런 종류의 격국에 관한 것은 다음과 같다.

天地德合格, 德合雙駕格. 同爲上下干支合, 如甲子己丑是.
천지덕합격, 덕합쌍가격. 함께 위아래로 간지가 합한 것이니, 이를테면 갑자甲子 기축己丑이 여기에 해당한다.

眞氣往來格． 月日時於支, 交互相合也．
진기왕래격． 월일시의 간지가 교호하여 서로 합하는 것이다.

以上專言六合. 如四柱中見三合會局, 不但團結, 氣勢亦因之而淸, 其爲優點之一, 自無待言.

이상에서는 육합으로만 말하였다. 사주에서 삼합三合과 회국會局을 보면 단결할 뿐만 아니라 기세도 그 때문에 청정하니, 그것은 좋은 것의 하나로 더 말할 것이 없다.

② 천간순식일기天干順食一氣. 順食者, 天干見甲丙戊庚壬, 或乙丁己辛癸, 順序相食是也. 順序爲貴, 錯雜卽非. 天干一氣者, 如干見兩甲兩乙, 或見 甲乙丙丁是也. 四柱支干相同, 如四壬寅四戊午之類, 亦爲一氣, 已見上淸濁節, 不贅. 又如三奇格, 甲戊庚, 同以丑未爲天乙玉堂, 氣歸一致, 乙丙丁, 辛壬癸均屬一氣順序. 關於此類之格, 如,

순식順食은 천간에서 갑甲·병丙·무戊·경庚·임壬이나 혹 을乙·정丁·기己·신辛·계癸를 보는 것으로 순서대로 식신이 이어지는 것이 여기에 해당한다. 순서가 귀하니 제멋대로 혼잡한 것은 곧 아니다. 천간의 일기一氣는 이를테면 천간에서 양갑兩甲·양을兩乙이나 혹 갑甲·을

乙·병丙·정丁이 있는 경우가 여기에 해당한다. 사주에서 지지와 천간이 서로 같은 것으로 이를테면 네 개의 임인壬寅, 네 개의 무오戊午와 같은 것들도 일기一氣이다. 이미 청탁절淸濁節에서 설명했으니 구질구질하게 덧붙이지 않겠다. 또 이를테면 삼기격三奇格인 갑甲·무戊·경庚은 동일하게 축丑과 미未를 천을귀인과 옥당귀인으로 삼으니 기氣가 한 곳으로 돌아가기 때문이다. 을乙·병丙·정丁과 신辛·임壬·계癸도 균일하게 일기一氣의 순서에 속하니, 이런 것들에 관련된 격국은 다음과 같다.

順食格. 甲食丙丙食戊戊食庚, 是也. 乙丁己辛同.
순식격. 갑甲이 병丙 식신으로, 병丙이 무戊 식신으로, 무戊가 경庚 식신으로 이어지는 것이 여기에 해당한다. 을乙 정丁 기己 신辛도 동일하다.

拔芽連茹格. 甲年丙月戊日庚時, 或子年丑月寅日卯時, 均是.
발아연여격. 갑甲년 병丙월 무戊일 경庚시이거나 혹 자子년 축丑월 인寅일 묘卯시가 모두 여기에 해당한다.

三奇格. 乙丙丁爲天奇, 甲戊庚爲地奇, 辛壬癸爲人奇, 姑從俗論.
삼기격. 을乙·병丙·정丁은 천기天奇, 갑甲·무戊·경庚은 지기地奇

이며, 신辛·임壬·계癸는 인기人奇이니, 잠시 세상에 따라 논하는 것이다.

　三台祿馬格. 丙午日生於丁卯年, 四柱更見巳字, 以卯巳午爲三台, (卽乙丙丁)卯年見巳, 爲驛馬名三台帶祿馬. (丙丁見己午爲祿)

　삼태록마격. 병오丙午 일주가 정묘丁卯년에 태어났는데 사주에서 다시 사巳자를 볼 경우 묘卯·사巳·오午를 삼태三台로 (곧 을乙·병丙·정丁으로) 여긴다. 묘卯년에 사巳를 보면 역마驛馬이니, 삼태三台가 록마祿馬를 (병丙·정丁이 사巳·오午를 보면 건록임) 둘렀다고 한다.

③ 지지연주협공 地支聯珠夾拱

　聯珠者, 地支一氣也. 如子年寅月辰日午時, 或子年丑月寅日卯時, 同上連茹, 皆爲聯珠. 更有二三字相聊, 中隔一字者, 名聯珠夾拱. 如子亥丑卯夾寅, 亥子寅卯夾丑是也. 夾拱者. 成方成局. 柱見兩邊, 如寅卯辰東方, 柱見寅辰中夾卯字, 巳午未南 方, 柱見巳未, 中夾午字, 是謂之夾. 寅午戌火局, 柱見寅戌, 中拱午字, 申子辰水局, 柱見申辰, 中拱子字, 是爲之拱. 夾拱之字, 爲祿爲貴, 爲 財官印, 隨局變化拱夾爲重要看法之一. 上者爲虛神可用, 次者爲征驗所關, 下者亦爲氣勢團結之一種.

　연주聯珠는 지지가 하나의 기氣인 것이다. 이를테면 자子년 인寅월 진辰일 오午시이거나 혹 자子년 축丑월 인寅일 묘卯시로 위의 연여連

茹와 함께 모두 연주聯珠이다. 다시 두 세 글자가 서로 연결되었는데 중간에 한 자가 떨어져 있으면, 이를테면 자子·해亥·축丑·묘卯는 인寅을 '끼고 있고[夾]', 해亥·자子·인寅·묘卯는 축丑을 끼고 있는 것이 여기에 해당한다. '**끼고 있는 것[夾]**'과 '**껴안고 있는 것[拱]**'. 방방을 이루고 국국을 이루어 사주에서 양쪽을 드러냄에 이를테면 인寅·묘卯·진辰 동방에서는 사주에 인寅과 진辰이 있다면 그 가운데 묘卯자를 끼고 있는 것이고, 사巳·오午·미未 남방에서는 사주에 사巳와 미未가 있다면 그 가운데 오午자를 끼고 있는 것이니, 이것을 '끼고 있는 것[夾]'이라고 한다. 인寅·오午·술戌 화국火局에서는 사주에 인寅과 술戌이 있다면 그 가운데 오午자를 '껴안고 있는 것이고[拱]', 신申·자子·진辰 수국水局에서는 사주에 신申과 진辰이 있다면 그 가운데 자子자를 껴안고 있으니, 이것이 '껴안고 있는 것[拱]'이다. '끼고 있고 껴안고 있다[拱夾]'는 말은 건록이 되고 귀인이 되며 재財·관官·인印이 되어 국국에 따라 변화한다는 것이다. '끼고 있고 껴안고 있는 것[拱夾]'은 중요한 간법의 하나로 앞의 것은 허신이 용신이 될 수 있는 것이고, 다음의 것은 징험이 관계된 것이며, 아래의 것은 또한 기세와 단결의 한 종류이다.

如曾忠襄國筌命, 甲申, 甲戌, 庚辰, 壬午, 夾巳未酉三支, 爲聯珠夾貴也. 前淸康熙帝造:甲午戊辰戊申丙辰, 夾祿貴而拱財星也. (巳祿未貴, 子財星.)

汪精衛命, 癸未丙辰戊申丁巳, 地支辰巳未申, 夾午字, 是又拱夾之變也. 關於此類之格局, 如,

이를테면 증충양曾忠襄 국전國荃의 명조 갑신甲申 갑술甲戌 경진庚辰 임오壬午는 사巳·미未·유酉 세 지지를 끼고 있어 연주聯珠로 귀인을 끼고 있다. 청의 강희제康熙帝의 명조 갑오甲午 무진戊辰 무신戊申 병진丙辰은 건록과 귀인을 끼고 있고 재성을 껴안고 있다. (사巳가 건록이고 미未가 귀인이며 자子가 재성임) 행정원장 왕정위汪精衛 명조 계미癸未 병진丙辰 무신戊申 정사丁巳는 지지의 진辰 사巳 미未 신申은 오午자를 끼고 있으니, 이것은 또 껴안고 있고 끼고 있는 것이 변한 것이다. 이런 종류의 격국에 관한 것은 다음과 같다.

夾祿格, 拱貴格, 捧印格. 以所拱夾之字爲分別, 祿謂臨官祿, 貴, 謂天乙玉堂, 印, 墓庫也.

협록격, 공귀격, 봉인격. 껴안고 있고 끼고 있는 글자로 분별하니, 건록[祿]은 임관록臨官祿을 말하고, 귀인[貴]은 천을天乙과 옥당玉堂을 말하며, 인印은 묘고墓庫이다.

龍虎包承格. 支見丑卯巳, 夾寅辰是.

용호포승격. 지지에 축丑 묘卯 사巳가 있어 인寅과 진辰을 끼고 있는 것이 여기에 해당한다.

龍虎拱門格. 酉生人, 對冲爲卯, 不見卯, 而見寅辰是也.
용호공문격. 유유년에 태어난 사람은 묘卯가 충冲인데, 묘卯가 없고 인寅과 진辰이 있는 것이 여기에 해당한다.

揖拱端門會同帝闕. 午爲端門, 子爲帝座, 亥爲帝闕, 拱夾午子亥也.
집공단문회동제궐. 오午가 단문端門이고, 자子가 제좌帝座이며, 해亥가 제궐帝闕인데, 오午 자子 해亥를 껴안고 있고 끼고 있는 것이다.

五星拱北格. 五行全而支見子寅, 拱夾一丑字是也.
오성공북격. 오행五行이 온전한데 지지에 자子와 인寅이 있어 하나의 축丑자를 껴안고 있고 끼고 있는 것이 여기에 해당한다.

④ 지위정제 地位整齊

地支成方成局, 氣聚一方, 中成拱夾, 己詳上述. 更有雖非方局, 而支辰整齊, 兩相對峙, 自見精神者. 如蔣奉化造, 丁亥, 庚戌, 己巳, 辛未, 戌亥乾宮, 巳未夾午離位, 兩氣對立. (先天干宮同後天離位) 又如徐東海造, 乙卯, 丙戌, 癸酉, 丙辰, 卯辰東方, 酉戌西方, 東西夾輔, 此皆以整齊爲貴也. (如唐紹儀造, 亦以整齊對峙, 故可取貴, 見上虛神節.)

지지에 방方과 국局을 이루어 기氣가 한쪽으로 모임에 가운데 껴안고 있고 끼고 있음이 된 것으로 위에서 이미 자세히 설명했다. 다시 방方과 국국局은 아닐지라도 지지가 가지런히 양쪽으로 서로 대치되어 정신이 드러난 경우이다. 이를테면 장봉화蔣奉化의 명조 정해丁亥 경술庚戌 기사己巳 신미辛未로 술해戌亥는 건乾[☰]의 궁宮이고, 사巳와 미未가 오午 리離[☲]의 자리를 끼고 있어 두 기氣가 대립한다. (선천의 건궁乾宮은 후천의 리離[☲]의 자리와 같음) 또 서동해徐東海의 명조는 을묘乙卯 병술丙戌 계유癸酉 병진丙辰으로 묘卯와 진辰은 동방이고 유酉와 술戌은 서방으로 동과 서가 끼고 있으면서 보완하니, 이런 것은 모두 가지런함으로 귀함을 삼은 것이다. (이를테면 당소의唐紹儀의 명조도 가지런하게 대치하기 때문에 귀함을 취할 수 있었으니, 위의 허신절虛神節에 있다.)

更有大方面之夾拱, 如支見兩子兩午, 或四方面夾拱, 如支全子午卯酉, 或寅申巳亥, 或辰戌丑未, 皆取其整齊, 入格爲四極, 不入格爲四冲. 如明太祖命, 戊辰, 壬戌, 丁丑, 丁未, 支全四庫, 前清乾隆帝命, 辛卯丁酉庚午丙子, 支全四仲. 關於此類之格局, 如,

다시 큰 방향으로 끼고 있는 것과 껴안고 있는 것으로 이를테면 지지에 자子가 두 개이고 오午가 두 개이거나 혹 서쪽 방향으로 끼고 있고 껴안고 있는 것과 같은 것이고, 이를테면 지지가 온전히 자子 오午 묘卯 유酉이거나 인寅 신申 사巳 해亥이거나 진辰 술戌 축丑 미

未인 것은 모두 그 가지런함을 취한 것으로 격에 들어가는 사극四極이고 격에 들어가지 않는 사충四冲이다. 이를테면 명태조 주원장朱元璋의 명조는 무진戊辰 임술壬戌 정축丁丑 정미丁未로 지지 전체가 사고四庫인 것이고, 청나라 건륭제의 명조는 신묘辛卯 정유丁酉 경오庚午 병자丙子로 지지 전체가 사중四仲이다. 이런 종류의 명조에 관한 격국은 다음과 같다.

四方正位格. 子午卯西爲四正, 寅申巳亥爲四維.
사방정위격. 자子 오午 묘卯 유酉는 사정四正이고, 인寅 신申 사巳 해亥는 사유四維이다.

貴人黃樞格. 支全辰戌丑未.
귀인황추격. 지지가 온전히 진辰 술戌 축丑 미未이다.

天地中分格. 花甲干支, 中分一半, 如甲子見甲午, 乙丑見乙未, 丙寅見丙申皆是.
천지중분격. 화갑간지花甲干支가 가운데로 나눠지는 것으로 이를테면 갑자甲子에 갑오甲午, 을축乙丑에 을미乙未, 병인丙寅에 병신丙申이 모두 여기에 해당한다.

子午雙包格. 支見兩子兩午是.

자오쌍포격. 지지에 자子가 두 개 오午가 두 개인 것이 여기에 해당한다.

復次干支排列, 字面整齊, 自有一種精神. 入格者, 拱夾四方, 不以冲剋論, 不人格者, 互相冲剋, 氣勢散漫, 反見其凶. 比如乾隆帝造, 本爲煞刃格, 八月庚金見丁丙, 爲眞神得用. 天干庚辛丙丁, 火金相成, 無閑神夾雜, 淸也. 煞刃格以威權顯, 輔以四極, 則聲威達於四方矣. 明太祖命, 九月丁火而見戊土, 體用同宮, 傷官傷盡. 戊土當旺爲眞神, 本來三刑得用, 丑戌未皆土, 以土爲用, 威鎭邊疆. 格全四庫, 則成鎭四邊矣. 其命之貴, 因見四位, 而更臻美備, 非因此而取貴也.

다시 간지배열을 차례로 글자가 표면적으로 가지런하면 저절로 일종의 정신이 있으니, 격에 들어가는 것은 사방을 껴안고 있고 끼고 있는 것으로 충冲과 극極을 논하지 않고, 격에 들어가지 않는 것은 서로 충冲하고 극剋하는 것으로 기세가 산만하여 도리어 흉凶을 당한다. 비유하자면 청의 건륭제乾隆帝의 명조 신묘辛卯 정유丁酉 경오庚午 병자丙子는 본래 살인격煞刃格으로 팔월의 경금庚金에 정丁과 병丙이 있어 진신眞神이 용신이 된 것이다. 천간의 경庚 신辛 병丙 정丁은 화火와 금金이 서로 이루어줌에 한신閑神이 끼어 혼잡하게 함이 없음으로 청淸하다. 살인격은 권위가 있으니 사극四極으로 보완하면 드날리는 위엄이 사방에 진동한다. 명태조 주원장朱元璋의 명조 무진戊辰 임술壬戌 정축丁丑 정미丁未는 구월의 정화丁火이면서 무토戊土가 있는데, 몸체와 용신이 같은 궁宮이어서 상관傷官의 해침이 다하였다. 무토戊土가 왕성하여 진신眞神이 되고 본래의 삼형살로 용신을 얻음으로 축丑 술戌 미未가 모두 토土이고, 그것으로 용신을 삼았으니 위엄을 변방에 떨쳤다. 격이 온전히 사고四庫여서 위엄을 변방에 떨친 것이다. 그 명조의 귀함은 그대로 사위四位를 드러내어 다시 아름다움이 갖추어진 것이니, 이것 때문에 귀함을 취한 것은 아니다.

以上六種團結方式, 以用神眞假爲主, 如用神不眞, 其餘團結, 皆無所用. 雖有若無, 得眞神爲用, 則錦上添花, 愈顯精神, 格局益增完美. 昔人概名爲格, 其名稱有沿五星之舊, 有取一枝一節, 意爲造作, 名目繁多, 不勝備擧. 略爲分類歸納, 作爲看法之輔助, 亦論命者所不可廢也, 想有識者, 當不河漢斯言.

이상 여섯 종류의 단결에 대한 방법은 용신의 진眞과 가假를 위주로 한 것으로 이를테면 용신이 진신이 아니면 그 나머지 단결이 모두 소용이 없다. 없는 것 같을지라도 진신을 얻어 용신을 삼으면, 금상첨화錦上添花로 더욱 정신이 드러나고 격국이 더욱더 보태어져 완전히 아름답다. 옛날 사람들이 이름에 맞춰 격으로 함에 그 명칭을 옛 오성五星을 따랐으니, 한 가지와 한 마디를 취함에 의미가 조작되고 명목이 번다하여 다 갖추어 들 수 없었다. 간략히 분류하고 일반적인 법칙을 추려냄으로 간법에 도움이 되도록 했으니, 또한 명리를 논하는 자들은 무시해서는 안 되지만 유식한 자들은 이 말을 중요하게 여길 필요가 없다고 여긴다.

2. 징험을 논함 [論徵驗]

귀천貴賤 빈부貧富 수요壽夭 잔질殘疾 도적盜賊

命理之中, 所重者在格局, 高低之分, 貴賤之別也. 言富貴, 則貧賤可知, 言壽考, 則夭折可知. 然社會階級千差萬別, 推論精微, 愈析愈細, 步步踏實, 洵非易言. 有富貴兩全者, 有富而不貴, 貴而不富者, 有富貴而壽考, 有貧賤而壽考者, 更有雖富貴壽考, 而終身勞碌者, 此皆出於天賦之自然, 非可勉强以求也.

명리에서 중요한 것은 격국에 있으니, 높음과 낮음, 귀함과 천함으로 분별한다. 부귀를 말하면 빈천을 알 수 있고, 장수를 말하면 요절을 알 수 있다. 그런데 사회계급의 천차만별은 추론을 정교하게 하여 분석할수록 더욱 자세하고 단계마다 절실하지만 진실로 쉽게 말할 수 있는 것은 아니다. 부귀를 둘 다 온전히 가진 자가 있고, 부유하지만 귀하지 않고 귀하지만 부유하지 않은 자가 있으며, 부유하고 귀하면서 장수하는 자가 있고 빈천하면서 장수하는 자가 있고, 다시 부유하고 귀한데다가 장수하면서도 종신토록 영화로운 자가 있으니,

이런 것은 모두 하늘이 부여한 저절로 그런 것에서 나온 것이지 힘써서 억지로 얻을 수 있는 것이 아니다.

　滴天髓云, 何知其人貴, 官星有理會. 何知其人賤, 官星還不見. 何知其人富, 財星領門戶. 何知其人貧, 財星反不眞. 貴賤看官星, 兼正偏官言, 有宜正官 有宜偏官. 貧富看財星. 洵扼要之言. 理會者, 有情也, 門戶者月令也. 其中分別, 重在經驗, 有非文字所能達者也.

『적천수』에서 "어떻게 그 사람의 귀함을 알 수 있는가? 관성에 이치가 모여 있는 것이다. 어떻게 그 사람의 천함을 알 수 있는가? 관성이 전혀 없는 것이다. 어떻게 그 사람의 부유함을 알 수 있는가? 재성이 문호門戶로 통하는 것이다. 어떻게 그 사람의 가난함을 알 수 있는가? 재성이 전혀 참되지 않은 것이다."라고 하였다. 귀천貴賤은 관성을 보고, 편관과 정관을 함께 말하였으니, 당연히 정관도 있고 당연히 편관도 있다. 빈부貧富는 재성을 본다. 요약해서 말하면 이치가 모여 있다는 것은 유정한 것이고, 문호는 월령이다. 그것에서의 분별은 중점이 경험에 있으니, 문자로 통달할 수 있는 것이 아니다.

　眞神得用, 而眞神卽月令當旺之氣者, 無有不貴. 眞神得用, 雖非月令, 而有情有力. 淸純團結者, 亦必貴. (見上格局高低篇) 然此等命, 雖富貴兼全, 在命理中, 專論其貴不論其富. 富由貴來, 其享受爲地位上所應得也.

離其地位, 不能保有其富, 卽不以富稱. 命理中言富貴兼全者, 必貴而兼有 富之徵. 如食神財星乘旺, 而帶官印是也. (不論所用在財食, 或在官印) 官 星得用, 貴而兼富, 財星得用, 富而兼貴, 中有主從之別, 至爲微細. 凡在政 界中握經濟重權, 及官營業之領袖, 或實業金融界之權威, 而接近政界者, 皆 有此種徵象. 略爲區別分列於下, 神而明之, 存乎其人.

진신이 용신을 얻어 진신이 곧 월령의 왕성한 기운인 것은 귀하지 않음이 없다. 진신이 용신을 얻었으면 월령이 아닐지라도 유정하고 유력하며 청순하고 단결한 것은 또한 반드시 귀하다. (위에서 격국의 높음과 낮음을 참고할 것) 그러나 이런 명조는 부유함과 귀함이 함께 온전할지라도 명리에서는 그 귀함만을 논하고 부유함은 논하지 않는다. 부유함이 귀함으로 오고, 그 누리는 것이 지위로 얻는 것이어서 그 지위를 떠나면 그 부유함을 보전할 수 없으니, 곧 그것을 말하지 않은 것이다. 명리에서 부유함과 귀함을 함께 온전하게 말하는 경우는 반드시 귀한 것에다가 부유한 징조가 함께 있어야 한다. 이를테면 식신과 재성이 왕성하면서도 관성과 인성을 두르고 있는 것이 여기에 해당한다. (용신이 재성과 식신에 있거나 관성과 인성에 있는 것은 논하지 않음) 관성에 용신을 얻으면 귀한데다가 부유하기까지 하고, 재성에 용신을 얻으면 부유한데다가 귀하기까지 하니, 그것들에 주종의 구별이 있는 것은 지극히 미세하다. 정계에서 경제의 중요한 권력과 관영업의 중추나 실업금융계의 권력을 장악해서 정계에

접근하는 자는 모두 이런 종류의 징험과 상이 있다. 간략히 구분하면 아래처럼 나누니, 신묘하게 해서 밝히는 것은 그렇게 할 수 있는 사람에게 달려있다.

1) 부귀한 명조[富貴命]

```
偏印    食
甲  丙  戊  己
午  申  辰  巳
    刃  煞  才
```

此北洋政府時代梁士詒命也. 三月丙火, 土旺乘權, 戊己出干, 似有晦火之嫌. 不知土雖重, 有甲木疏土, 眞神得用, 此貴之徵. 戊己土重, 得申金洩土爲財, 此富之象. 地支辰巳午申, 聯珠夾貴未, 爲甲戊之貴, 申之前酉, 爲丙火之貴, 前後夾護, 名爲貴擁. 申宮壬水七煞, 與午宮丁刃相合, 化煞爲權. 富貴而兼有威權, 此財之所以成閥也.

이것은 북양정부시대北洋政府時代 양사이梁士詒의 명조이다. 삼월 병화丙火에 토土가 왕성하여 권력을 우습게 여긴다. 무戊와 기己가 천간에 있어 화火를 덮어버릴 것 같은데, 모르겠지만 토土가 중첩되었을지라도 갑목甲木이 土토를 소통하여 진신에 용신을 얻었으니, 이것은 귀한 징조이다. 무기토戊己土가 중첩되어 있는데, 신申금을 얻어 그것을 누설하여 재로 만드니 이야말로 부유한 상이다. 지지 진辰·사巳·오午·신申 연주聯珠로 귀인 미未를 끼고 있는데 갑甲과 무戊의 천을귀인이고, 신申의 앞에 있는 유酉는 병화丙火의 천을귀인이라 전후로 끼고 보호하니, 귀인을 껴안고 있는 것이라고 이름 붙인다. 신궁申宮의 임수壬水 칠살七煞은 오궁午宮의 정인丁刃과 서로 합해 살煞을 권력으로 변화시켰다. 부귀한데다가 권위까지 함께 하고 있으니, 이것은 재성이 공훈으로 되었기 때문이다.

```
    印   財   才
    己   庚   乙   甲
    卯   辰   亥   午
        食 才 印 官
```

此前行政院長宋子文命. 十月庚金, 以丁甲爲眞神, 年逢甲午, 眞神得用. 庚辰魁罡不旺, 自旺地支辰卯東方, 支辰缺一寅字, 然亥合寅, 午會寅, 甲木寄寅, 地支雖無寅字, 己其備寅之虛神, 財成方矣. 卯辰午夾巳, 而亥居中冲之, (午亥辰自刑, 爲另一問題.) 財旺暗生官. 午宮丁己, 與亥宮壬甲相合, 官印財食, 固結不解, 敵國之富. 與官印以俱來, 宜乎人爵之尊, 不離經濟財政, 貴與富兼, 顯然可見也.

이것은 전 행정원장 송자문宋子文의 명조이다. 시월의 경금庚金이 정丁과 갑甲을 진신眞神으로 하는데 연에서 갑오甲午를 만났으니 진신에 용신을 얻은 것이다. 경진庚辰 괴강魁罡인데 왕성하지 않고, 왕성한 지지 진辰과 묘卯 동방에서 인寅자 하나가 빠졌는데, 해亥가 인寅과 합하며, 오午가 인寅과 모이는데 갑甲목이 인寅에 의지하니, 지지에 인寅자가 없을지라도 이미 인寅이라는 허신을 구비하고 있어 재성이 방향을 이루었다. 묘卯·진辰·오午가 사巳를 끼고 있는데 해亥가 가운데 있어 충冲하고 있다. (오午·해亥·진辰이 자형自形인 것은 별도로 하나의 문제임) 왕성한 재성이 암암리에 관에서 나오고, 오궁午宮의 정丁·기己가 해궁亥宮의 임壬·갑甲과 서로 합함으로 관官·인印·재財·식食이 견고하게 결합해 풀리지 않는다. 나라에 짝하는 부富와 관인官印이 구비되어 와서 당연히 존귀한 벼슬은 재정과 경제를 벗어나지 않으니, 귀함과 부유함이 함께 뚜렷함을 알 수 있다.

```
印      才  才
甲  丁  辛  辛
辰  亥  丑  酉
        官
```

此北洋時代財閥楊士琦命. 酉丑會局, 兩辛出干, 財旺極矣. 亥宮壬水得祿, 又爲天乙貴, 財旺暗生官星. 丁火不離甲木, 在十二月, 尤爲迫切需要, 甲木爲眞神, 棄財就印, 此富之所以兼貴也.

이것은 북양시대 재벌 양사기楊士琦의 명조이다. 유酉와 축丑이 모이는 형세에 천간에 두 개의 신辛이 있어 재財가 극도로 왕성하다. 해궁亥宮의 임수壬水는 건록에다가 천을귀인인데, 재성이 왕성하여 암암리에 관성을 생한다. 정화丁火는 갑목甲木과 떨어져 있지 않고 십이월에 더욱 절박하게 필요해서 갑목을 진신으로 하여 재성을 버리고 인성을 취하였으니, 이 사람의 부유함은 귀함을 겸한 것이다.

印　　才
甲　丁　辛　癸
辰　未　酉　卯

八月辛金乘旺, 月令財星出干, 見癸水財旺暗生官星, 但丁不離甲. 八月丁火, 氣勢就衰, 以甲爲眞神, 亦是棄財就印. 地支卯辰未, 夾巳午, 又未酉夾申, 日元與財是皆暗强, 身旺任財, 任交通機關某局長, 爲官營業之領袖.

팔월 신금辛金이 왕성하고 월령 재성이 천간에 있다. 계수癸水가 천간에 있고 왕성한 재성이 관성을 생한다. 다만 정화丁火가 갑甲과 떨어져 있지 않고, 팔월의 정화丁火는 기세가 쇠진하여 갑甲을 진신으로 삼으니, 또한 재성을 버리고 인성을 취한 것이다. 지지의 묘卯·진辰·미未는 사巳와 오午를 끼고 있고, 또 미未와 유酉는 신申을 끼고 있다. 일원과 재성이 암암리에 모두 강해 왕성한 자신이 재성을 감당하니, 교통기관의 어떤 국장으로 관영업의 지도자가 되었다.

　　　　才　財
　　己　丙　庚　辛
　　亥　子　寅　卯

丙火生寅月, 母旺子相. 地支亥子寅卯中夾丑庫. 丑爲庚金之庫, 財星臨貴地, 天干庚辛之財, 悉歸於庫. 寅卯印旺成方, 棄印就財. 日時亥子, 財之情暗生官. 運入財鄕, 一躍而爲實業部司長, 前程尙無限量.

병화丙火가 인寅월에 태어나 어미가 왕성하고 자식이 따른다. 지지의 해亥·자子·인寅·묘卯가 축丑이라는 창고[庫]를 끼고 있다. 축丑은 경금庚金의 창고로 재성이 귀한 곳에 있는 것이니, 천간의 경庚과 신辛이라는 재성이 모두 그곳 축丑으로 몰려들어온다. 인寅과 묘卯라는 인성이 왕성함으로 방향을 이루었으니, 인성을 버리고 재성을 취하였다. 일주와 시주에 해亥와 자子가 있는데다가 재성의 마음[情]이 암암리에 관성을 생하고 있다. 운이 재성이 있는 곳으로 흘러가 한 번 뛰어올라 실업부의 사장이 되었고, 앞길도 여전히 한량없이 펼쳐져 있다.

　　　　官　　財
　　乙　戊　癸　戊
　　卯　申　亥　子

月令癸水乘旺, 時上乙卯, 官星專祿. 戊癸相合, 兩戊爭合一財, 取官星制比護財爲用. 子申, 亥卯, 財官皆得局. 但十月戊土, 不能無丙火輔助. 申亥雖亦爲戊土生祿之地, 究嫌水旺土蕩, 原命無丙, 貴氣有缺, 運行火土之地, 貴爲某交通機關局長.

월령 계수癸水가 왕성한데 시주에 을묘乙卯가 있어 관성이 오로지 건록이다. 무戊와 계癸가 서로 합함에 두 개의 무戊가 하나의 재성과 합하려고 다투니, 관성을 취해 비견을 제압함으로 재성을 보호하여 용신으로 하였다. 자子·신申과 해亥·묘卯가 재성과 관성으로 모두 국국을 이루었다. 다만 시월의 무토戊土는 병화丙火의 보조가 없을 수 없는데, 신申과 해亥가 또한 무토戊土의 병지[3)와 절지여서 결국 수水가 왕성함에 토土가 쓸려가는 혐의가 있다. 원래의 명조에 병화丙火가 없어 귀한 기운이 부족한데, 운이 화火와 토土의 영역으로 흘러가 어떤 교통기관의 국장 정도로 귀하게 되었다.

以上六造, 雖格局有大小富貴有等差, 然同爲富中見貴, 貴中見富者, 故爲富貴兼全之造.

이상의 명조는 격국과 부귀에 대소의 차이가 있을지라도 똑같이 부유한 가운데 귀함이 있고 귀한 가운데 부유함이 있기 때문에 부유함과 귀함을 겸하여 온전한 명조이다.

---

3) 원국에는 생지[生]로 되어 있으나 문맥에 따라 병지로 수정하였다.

2) 부유한 명조[富命]

```
        傷 官
戊  庚  癸  丁
寅  辰  卯  亥
才  財  財  才
```

此富格也. 地支寅卯辰亥, 財成方局, 富甲一方乃意中事. 財旺生官, 無如丁火出干, 癸水傷之, 貴氣受損. 二月庚金, 不能用財官, 而用戊土偏印, 亦非眞神, 取富不取貴. 運行土金之鄕, 事業發達當無限量.

이것은 부유한 격이다. 지지가 인寅 묘卯 진辰 해亥로 재성이 방국과 국국을 이루어 갑부라는 한 방향이 마음속의 일이다. 재성이 왕성하여 관을 생하는데, 안타깝게도 천간의 정화丁火를 계수癸水가 해쳐 귀한 기운이 손상을 당했다. 이월의 경금은 재와 관을 용신으로 할 수 없어 무토戊土 편인을 용신으로 했으니, 역시 진신은 아니어서 부유함은 취하나 귀함은 취하지 못한다. 운이 토土와 금金이 있는 곳으로 흘러 사업이 발달했고, 부유함이 끝이 없었다.

```
甲  戊  庚  癸
寅  午  申  酉
```

又無錫榮宗敬命, 癸酉, 庚申, 戊午, 甲寅. 甲木官星被傷, 貴氣受損, 不能爲用. 寅午會局, 印旺身强, 申酉成方, 傷官旺而生財, 以財爲用, 富而不貫. 與上造如出一轍也. 或云榮造爲癸酉辛酉戊寅戊午, 身旺任財, 取用相同. 時上比透, 晩年終入於困境, 兩造未知孰是.

또 무석無錫 영종경榮宗敬의 명조 계유, 경신, 무오, 갑인이다. 갑목甲木 관성이 상해를 입음으로 귀한 기운이 손상되어 용신으로 할 수 없다. 인寅·오午가 국국을 이뤄 인성이 왕성하고 자신이 강하다. 신申·유酉가 방향을 이뤄 왕성한 상관이 재財를 생함으로 재를 용신으로 하였으니, 부유하나 귀하지는 않다. 앞의 명조와 동일하다. 어떤 사람은 "영종경의 명조는 계유癸酉 신유辛酉 무인戊寅 무오戊午이다"라고 하는데, 자신이 왕성하여 재성을 임용하니, 용신을 취하는 것은 서로 같다. 시에 비겁이 있어 만년에 마침내 곤경하게 되었다. 두 명조에서 어느 것이 옳은지는 모르겠다.

```
丁 戊 己 丁
巳 子 酉 亥
      財 傷
```

戊土日祿歸時, 月令傷官生財, 己酉傷成局, 亥子財成方, 固生成富格也. 戊土得劫印助之, 身旺任才, 富從逸得. 以傷官生才爲用, 官印在年, 貴在上代, 蔭庇之福, 得之自然, 享用現成. 亥中甲木官星, 退處於無用之地, 富重而貴輕矣.

무토戊土 일간으로 건록이 시에 있고 월령 상관이 국국을 이루고

해亥와 자子가 방향을 이뤄 진실로 부유한 격을 생성하였다. 무토가 겁재와 인성의 도움을 얻어 자신이 왕성함에 재성을 감당하니, 부유함을 그래서 마음대로 얻는다. 상관생재傷官生財로 용신을 삼았고, 관官과 인印은 연주에 있고 귀인이 윗대에 있어 보호받는 복을 얻음이 자연스럽고, 현재 이룬 것을 누리고 사용한다. 亥중의 갑목甲木 관성이 쓸모없는 곳에 물러나 있으니, 부유함은 중첩되나 귀함은 가볍다.

　　壬　戊　癸　庚
　　子　寅　未　子
　　　　　　　劫

此葉澄衷命. 戊癸相合, 時逢壬子, 財歸旺地, 一純粹富格也. 子寅夾丑, 而未冲之. 丑未皆戊土貴地, 日元得明暗貴人夾護. 六月戊土, 本以癸水爲眞神, 然生於大暑後, 金水進氣, 財旺用劫, 不用癸水. 寅宮官星制劫, 反爲忌神, 然葉之慷慨英豪, 急公好義, 正以甲木暗藏. 用劫而不盡劫之用也.

이것은 섭징충葉澄衷의 명조이다. 무戊와 계癸가 서로 합하고 시에서 임자壬子를 만나 재성이 왕지로 돌아가니, 하나로 순수하게 부유한 격이다. 자子와 인寅이 축丑을 끼고 있는데 미未가 충을 한다. 축丑과 미未는 모두 무토戊土의 귀인이 있는 곳이니, 일원은 밝고 어두운 귀인이 끼어 있어 보호하는 것을 얻었다. 유월의 무토戊土는 본래 계수癸水를 진심으로 삼으나 대서大暑 뒤에 태어나 금金과 수水로 나아가는 기운이 재성을 왕성하게 하여 겁재를 용신으로 하고 계수를 용신으로 하지 않았다. 인궁寅宮의 관성이 겁재를 제재하여 도리어 기신忌神이 되었으나 영웅호걸인 섭정충이 공무에 급하고 의로움을 좋아한 것은 바로 갑목이 숨어 있기 때문이다. 겁재를 용신으로 했으나 겁재를 극진하게 하지 못하는 용신이다.

```
      財  財
 丁  戊  癸  癸
 巳  子  亥  酉
祿比
```

十月戊土, 水旺土蕩, 不能無火爲佐, 無如印被財破, 貴氣有損. 所幸日祿歸時卽以比祿爲用, 官煞爲忌神. 身弱財旺而用劫, 運行印劫之鄕, 富由勞苦中得, 且生性勞碌, 終身不閑. (與叶澄衷造同.) 故終爲一富商之命, 而不貴也.

시월의 무토戊土는 왕성한 수水가 토土를 쓸어버려 화火의 보좌가 없을 수 없는데, 안타깝게도 인성이 재성에게 파괴를 당하여 귀한 기운이 손상을 입었다. 다행스럽게도 일간의 건록이 시주를 곧 비견의 건록을 용신으로 삼음에 관살官煞이 기신忌神이다. 신약재왕身弱財旺이어서 겁재를 용신으로 했는데, 운이 인성과 겁재가 있는 곳으로 흘러 부유함이 노력하는 가운데 얻고 또 본래 성품이 게으르지 않아 평생토록 한가롭지 않다. (바로 앞의 섭징충葉澄衷의 명조와 같다.) 그러므로 끝내 부유한 상인의 운명이 되었으나 귀하지는 않다.

3) 맑고 귀한 명조[清貴命] 귀하지만 가난함 [貴而貧]

貧與富相對, 貴與賤相對, 然品端學粹, 而不得誌於時者, 不以貴取, 財無儲積者, 不以富論. 非下賤之謂也. 古人云, 貧者士之福也. 此語雖不合於現時代, 然貧不可與賤混, 則今昔無殊. 滴天髓云, 何知其人貧, 財星反不眞. 大抵喜用財星, 而比劫出干者不富, 煞旺用印, 忌見財星破印者, 亦不能富, 皆財星不眞也. 然其中亦有分別.

빈곤과 부유, 귀함과 천함은 상대적이지만 성품이 좋고 학문이 아름다울지라도 때를 만나지 못한 자는 귀함을 취할 수 없고, 재성이 쌓이지 않은 자는 부유함을 논하지 않으니, 비천함을 말하는 것은 아니다. 옛 사람들이 "가난함은 선비의 복이다."라고 하였다. 이 말이 현대에 맞는 것은 아니나 가난함을 천함과 혼동해서는 안되니, 예나 지금이나 다를 것이 없다. 『적천수』에서 "어떻게 그 사람의 가난함을 알 수 있는가? 재성이 전혀 참되지 않은 것이다."라고 하였으니, 대체로 재성을 용신으로 하는 것이 반가운데 비겁이 천간에 있는 자는 부유하게 되지 못하고, 실살이 왕성하여 인성을 용신으로 하면, 재성이 인성을 파괴하는 것을 꺼리며 또한 부유하게 될 수 없으니, 모두 재성이 참되지 않기 때문이다. 그러나 그 중에서 또한 차이가 있다.

```
 劫    劫 財
 甲 乙 甲 戊
 申 亥 子 寅
         傷
```

乙木見甲寅, 名藤蘿系甲, 可秋可冬, 其用與甲木無殊. 水旺木浮, 必用戊土, 寒木向陽, 必用丙火, 無如財星出干, 兩劫爭財, 不能富也. 所幸寅宮丙火非子水所能傷, 可以化劫生財, 亥子寅夾丑, 爲甲戊之貴人, 地位淸高, 衆所欽服. 行東南運, 有聲於時, 而財終不積.

을목乙木이 갑甲과 인寅을 보는 것에 대해 등라계갑藤蘿繫甲이라고 하고, 가을도 괜찮고 겨울도 괜찮으니, 그 용신은 갑목甲木과 다를 것이 없다. 수水가 왕성해 목木이 떠다니는 것은 반드시 무토戊土를 용신으로 해야 하고, 차가운 목木이 햇빛을 향하는 것은 반드시 병화丙火를 용신으로 해야 하는데, 안타깝게도 재성이 천간에 있음에도 두 겁재가 그것을 다투니, 부자가 될 수 없다. 다행스럽게도 인궁寅宮의 병화丙火는 자수子水가 해칠 수 있는 것이 아니어서 겁재를 변화시킴으로 재를 낳는다. 해亥와 자子 인寅이 축丑을 끼고 있는데, 갑甲과 무戊의 천을귀인이니, 지위가 청렴하고 높아 사람들이 흠모하며 순종한다. 동남으로 운이 흘러 어느 때에 명성을 날리지만 재물은 끝내 쌓이지 않는다.

```
    才       比
丙  壬  辛  壬
午  午  亥  申
    官財
```

此造亦病在財星太露, 比劫爭財. 所喜午宮丁己, 與亥宮壬甲相合, 壬水雖旺而不沖奔. 若得戊土偏官, 制比護財, 則富貴兼全, 借乎己土不能止水, 護財無力. 丙辛一合, 財自陰庇下失之. 壬丙相映生輝, 分外晶瑩, 品端學粹, 家承世德, 非無故也. 行甲寅乙卯運, 化劫生財, 富貴優遊, 不求自得. 至丙辰運, 比劫爭財, 時值光復之役, 家產毀於一炬. 父母憂憤以死, 卒致窮困, 莫非命也.

이 명조도 재성이 너무 드러나서 비겁이 그것을 다투는 것이 병병이다. 오궁午宮의 정丁과 기己가 해궁亥宮의 임壬과 갑甲이 서로 합하는 것을 반기니, 임수壬水가 왕성할지라도 충으로 달아나지 않는다. 무토戊土 편관을 얻음으로 비겁을 제재하여 재성을 보호한다면 부유함과 귀함이 모두 온전한데, 애석하게도 기토己土가 수水를 제지하여 재성을 보호하는 것에 무력하고, 병丙과 신辛이 한편에서 합하여 비호하는 것에서 잃게 된다. 병丙과 임壬이 서로 비추어 광채를 냄으로 분수 이외로 밝으니, 성품이 좋고 학문이 아름다워 집안에서 세덕을 잇는 것은 까닭 없는 것이 아니다. 운이 갑인甲寅 을묘乙卯로 흘러 겁재가 변해 재를 낳으니, 부유함과 귀함은 편안하고 한가롭게 지내며 구하지 않아도 저절로 얻는다. 병진丙辰 운에는 비겁이 재를 다투고 시에서 광복의 일군을 만나 횃불 하나에 가산이 타버렸다. 부모가 울분으로 세상을 버리고 졸지에 곤경하게 처함에 운명 아닌 것이 없다.

4) 빈곤한 명조[貧困命]

上兩造格局淸而財星不眞. 故雖貧而不失其淸高地位, 爲衆所尊仰, 更有一等. 金錢不論多少, 到手輒盡, 論其家世, 固亦貴顯. 斯眞生成貧困命也, 與淸貴命有毫釐千里之差, 列之如下.

위의 두 명조는 격국이 청청하면서 재성이 참되지 않다. 그러므로 비록 가난할지라도 청렴하고 높은 지위를 잃지 않고 사람들의 존경을 받는 것에는 곧 일등이 있다. 금전은 다소를 논하지 않으니 손에 넣어도 갑자기 다하고, 그 가세를 논하면 진실로 또한 귀함이 드러난다. 여기에 있는 것은 진실로 빈곤을 생성하는 운명이니, 맑고 귀한 명조와는 아주 작은 것이 아주 멀리 차이가 있게 되는 것으로 아래와 같다.

壬　壬　辛　壬

寅　子　亥　辰
才煞食

壬水生十月, 水旺乘權, 地支亥子辰會聚, 壬水冲奔, 非得戊土堤防, 不能入於正軌. 戊爲君, 丙火調候爲臣, 無如戊土藏寅, 木旺土虛, 堤防崩潰, 丙火之用, 反啓比劫之爭. 亥子寅夾丑, 爲印庫, 上蔭固極優渥也. 幼承遺產, 不下百萬, 行甲寅乙卯運, 木神旺地, 剋盡戊土, 經營商業, 屢起屢臥, 卒致一敗塗地. 將來丙運, 比劫爭財, 窮途聊倒, 意中事也, 人雖精明, 又何益乎. 此造與上壬申造, 相似而不同. 壬申造專用丙火財星, 財旺暗生官, 故甲寅乙卯爲佳運. 此造專用戊土, 丙火爲佐, 故甲寅乙卯運爲忌, 其中分別, 須細辨之.

임수壬水가 시월에 태어나 왕성한 수水가 권력을 휘두르고, 지지에 해亥·자子·진辰은 모여 있는데, 임수壬水는 충으로 달아나고 있으니, 무토戊土의 제방을 얻지 않으면 올바른 궤도로 들어갈 수 없다. 무戊가 임금이고 병화丙火가 조후로 신하인데, 안타깝게도 무토戊土가 인寅에 숨어 있음으로 목木은 왕성하고 토土는 비어 있음으로 제방이 무너지니, 병화丙火 용신이 도리어 비겁의 다툼을 열어놓는다. 해亥·자子·인寅이 축丑을 끼고 있어 인성의 창고가 되니, 윗대의 음덕이 진실로 아주 두텁다. 어려서 물려받은 유산이 엄청나게 많았는데, 갑인甲寅 을묘乙卯 운을 지남에 목신木神이 왕성한 곳이어서 무토戊土를 극하여 다하게 하니, 상업의 경영에 성공과 실패를 몇 번 거듭하다가 하다가 마침내 완전히 망했다. 앞으로 병丙운으로 흘러감에 비겁이 재를 다투어 갑자기 어려운 처지에 내몰리는 것은 생각했던 일이니, 사람이 맑고 총명할지라도 또 무슨 보탬이 되겠는가? 이 명조는 위의 임신壬申 명조와 서로 비슷하면서도 같지 않다. 임신壬申 명조는 오로지 병화丙火 재성을 용신으로 하니, 왕성한 재가 암암리에 관을 생하기 때문에 갑인甲寅 을묘乙卯 운이 좋았다. 이 명조는 오로지 무토戊土를 용신으로 하고 병화丙火를 보조로 하기 때문에 갑인甲寅 을묘乙卯 운을 꺼린다. 그 차이를 자세히 분별해야 한다.

```
        財  財
癸  癸  丙  丙
丑  丑  申  戌
```

癸水生七月, 弱中復强. 地支申戌夾酉, 戌丑夾亥子, 氣聚西北, 癸水暗旺. 兩丙出干, 通根戌庫, 財星亦旺. 但兩水兩火, 無木爲轉樞, 財被分奪, 過而不留, 金錢到手輒盡. 兩干不雜, 格局淸澄, 故出身世家. 總計一生, 歷當捐稅優差, 所入不下百萬, 而隨來隨去, 無一文之積, 卒至窮餓以死, 無以爲殮. 嘻亦可異已.

계수癸水가 칠월에 태어나 약한 가운데 다시 강해졌다. 지지의 신申과 술戌이 유酉를 끼고 있고, 술戌과 축丑이 해亥와 자子를 끼고 있음으로 기운이 서북으로 모여 계수癸水가 암암리에 강해졌다. 두 병丙이 천간에 있으면서 술고戌庫에 뿌리를 두었으니 재성도 왕성하다. 다만 두 수水와 두 화火를 이어주는 목木이 없어 재성이 파괴되어 없어지고 지나가면서 머무르지 않으니, 돈이 생겨도 금방 없어진다. 두 천간이 떨어져 있지 않아 격국이 맑기 때문에 좋은 집안에 태어났다. 인생을 통틀어 보면 세금을 깎아줌으로 수입이 많은 관직을 지내 들어오는 것이 엄청나게 많았으나 오는 대로 나가고 축적하지 못함으로 마침내 곤궁하게 죽어 염도 하지 못했으니, 참 기이하다 할 수 있다.

　以上四造, 雖有淸貴與貧而不貴之分, 然皆非賤. 何以故格局淸澄. 體用有情也. 若賤者之造則不然. 偏枯雜亂, 體用之間, 格格不相入, 不合於需要, 無所取材. 若有一端可取, 則雖在下等社會中, 亦必爲庸中佼佼者也.

　이상의 네 명조에는 맑고 귀한 것과 가난하고 귀하지 않은 구분이 있으나 모두 천한 것은 아니다. 무슨 까닭에 격국이 맑은가? 몸체와 용신에 정情이 있기 때문이다. 천한 자의 명조라면 그렇지 않다. 치우치고 메마르며 혼잡하고 어지러워 몸체와 용신의 사이에 서로 저촉되고 서로 들어갈 수 없어 수요에 부합하니 재목으로 취할 것이 없다. 조금이라도 취할 것이 있으면 하류 사회에 있을지라도 반드시 평범한 사람 가운데 뛰어난 자이다.

5) 장수하는 명조[壽考命]

壽考與富貴不同. 有貧賤而壽, 有富貴而壽. 滴天髓云, 何知其人壽. 性定元氣厚. 大抵支得長生祿旺, 則氣厚, 支無戰冲剋洩, 則性定, 兼斯二者, 方爲壽徵. 曲直仁壽成格, 木屬仁仁者壽, 亦爲壽徵. 兼有富貴之象徵, 則爲富貴而壽. 偏枯之局, 而運程得所者, 貧賤而壽.

'장수[壽考]'와 부귀는 같지 않다. 빈천하면서도 오래 사는 자가 있고 부귀하면서도 오래 사는 자가 있다. 『적천수』에서 "어떻게 그 사람의 수명을 알 수 있는가? 본성이 안정되고 원기가 두터운 것이다." 라고 하였다. 대체로 지지가 장생 건록 제왕을 얻으면 기가 두터운 것이고, 지지가 싸움으로 부딪히고 극으로 설기하는 것이 없으면 본성이 안정된 것이니, 이 두 가지를 겸한 것이 장수의 징조이다. 곡직인수曲直仁壽로 격을 이루면, 목木이 인仁에 속해 인仁이 장수하는 것도 장수의 징조이다. 아울러 부귀한 상의 징조가 있으면 부귀하고 장수한다. 치우치고 메마른 격국인데 운이 제대로 흘러가면 빈천하나 장수한다.

己 戊 癸 戊
未 辰 亥 戌

此女命也. 天干比劫爭財則必貧. 土厚無甲木以疏之, 土寒無丙火以暖之, 單見癸水乘旺, 體用無情, 則必賤. 戊辰魁罡, 更得比助, 無剋無洩,亦無戰冲, 巋然不動, 元氣無傷, 得天獨厚, 壽至百歲. 至丑運丁丑年, 無疾而終.

이것은 여자의 명조이다. 천간에서 비겁이 재를 다투니 반드시 가난하다. 두터운 토土를 갑목甲木이 소통시키지 못하고 차가운 토土를 병화丙火가 따뜻하게 하지 못하며, 하나 있는 계수癸水가 왕지에 있는데, 몸체와 용신에 정情이 없으니 반드시 천하다. 무진戊辰 괴강이 다시 비겁의 도움을 입었는데 극剋하는 것도 설기하는 것도 없는데다가 또 전쟁으로 충하는 것마저 없어 편안히 움직이지 않고 있음에 원기에 손상이 없고 하늘을 얻어 홀로 두터우니, 수명이 백세에 이르렀다. 축丑운 정축丁丑년에 병 없이 세상을 떠났다.

```
壬  壬  戊  辛
寅  子  戌  亥
```

壬水生九月, 體性將厚. 亥子成方, 辛壬並透. 秋水汪洋, 取戊土爲堤防, 寅戌拱火局以生戊土, 體用有情. 戌亥子寅夾丑, 爲印庫之貴, 故家境小康, 社會上亦小有地位. 惟嫌甲木藏支而不出干, 不能制戊土, 故不能取貴也. 丁丑年壽八十七而卒.

임수壬水가 구월에 태어나 몸체의 특성이 두텁게 되려고 한다. 해亥와 자子가 방합을 이루고 신辛과 임壬이 함께 천간에 있다. 가을의 물이 너무 왕성하여 무토戊土로 제방을 만들고, 인寅과 술戌이 화국

火局을 껴안아 무토戊土를 낳아주어 몸체와 작용에 정이 있다. 술戌·해亥·자子·인寅이 인성의 창고인 귀한 축丑을 껴안았기 때문에 집안 형편이 다소 좋았고 또한 사회적으로 다소 지위도 있다. 다만 불만스럽게도 갑목甲木이 지지에 감추어져 천간에 나오지 않음으로 무토戊土를 제압할 수 없기 때문에 귀함을 취할 수 없었다. 정축丁丑년에 87세로 세상을 떠났다.

己　丙　己　癸
丑　申　未　丑

丙火生未月, 日已偏西. 丙臨申位病地, 四柱土重, 晦火之光, 柱無甲木, 富貴俱空. 用庚金洩土之氣, 而身弱不能任財, 申宮壬水官星又爲土所制, 所以終爲寒儒. 所幸運行東南, 丙火得所, 氣勢綿綿不絶, 壽八十五, 至亥運, 丙火絶地, 丁丑年, 逝世.

병화丙火가 미월未月에 태어나 일간이 이미 서쪽으로 편중되었다. 병丙이 병지인 신申의 자리에 있고, 사주에 토土가 중첩되어 화火의 빛을 가리고, 사주에 갑목甲木이 없어 부귀가 모두 공허하다. 경금庚金을 용신으로 하여 토土의 기운을 누설하지만 자신이 약하여 재성을 감당할 수 없다. 신궁申宮의 임수壬水 관성은 또 토土에게 제압되었기 때문에 가난한 선비로 끝났다. 행히 운이 동남으로 흘러 병화丙火가 제 자리를 얻음으로 기세가 끊이지 않고 이어져 85세까지 살았으니, 해亥운은 병화丙火의 절지로 정축丁丑년에 세상을 떠난 것이다.

己 乙 丁 乙
卯 未 亥 丑

曲直仁壽格, 生於十月, 失時不貴. 然木主仁, 仁者壽. 丁己出干, 體用無情而有情, 雖爲一鄕農, 而小康之家, 一鄕稱長者, 壽至八旬外. 此造曾列格局之變篇.

곡직인수曲直仁壽격으로 시월에 태어나 때를 잃음으로 귀하지 않다. 그런데 목木은 인仁을 주로 하고, 인자仁者는 장수하는 것이다. 정丁과 기己가 천간에 있어 몸체와 작용이 무정하면서도 유정하니, 시골의 한 농부일지라도 다소 편안한 집안으로 촌장은 될 정도이며 나이가 팔순을 넘었다. 이 명조는 앞의「격국의 변화편」에서 언급했던 것이다.

以上四造, 皆非富貴而單有壽考康寧之福, 特錄之以供參考. 至若富貴而壽者, 如李文忠, 段執政之造皆是. 詳上格局之變篇.

이상의 네 명조는 모두 부귀하지는 않지만 오직 장수하고 다소 편안한 복이 있어 특별히 기록해서 참고하게 했다. 부귀하면서 장수하는 자라면 이를테면 이문충李文忠과 단집정段執政의 명조가 모두 여기에 해당한다. 자세한 것은「격국의 변화편」에 있다.

6) 병을 앓는 명조[殘疾命]

　滴天髓云, 何知其人凶, 忌神轉輾攻. 何知其人夭, 氣濁神枯了. 凶者, 殘疾也. 殘疾與夭折之辨, 至爲細微, 大致忌神環攻, 柱無救援, 而運未至絕地者, 殘疾之命.

　『적천수』에서 "어떻게 그 사람의 흉함을 아는가? 기신忌神이 돌고 돌며 치는 것이다. 어떻게 그 사람의 단명함을 아는가? 기氣가 탁해지고 신神이 말라버리는 것이다."라고 하였다. 흉함은 병으로 앓는 것이다. 병을 앓는 것과 일찍 죽는 것의 구분을 자세하게 하면, 대체로 기신이 둘러싸고 공격하는데도 사주에 구원하는 것이 없고 운도 절지로 흘러가는 것이 병으로 앓는 명조이다.

```
丙　乙　戊　戊
午　巳　午　申
```

　乙生午月, 木之死地, 火旺木枯, 全恃印綬爲救, 無如申宮壬水, 爲戊土所壓, 不能潤木. 巳午申夾未, 氣聚南方, 書云, 乙木生居離位, 名爲氣散之文, 殘疾之命.

　을乙이 木의 사지死地인 오월에 태어나 화火가 완성하여 목木이 고갈되었으니, 전체가 인수에 의지하여 구원을 삼는데, 안타깝게도 신궁申宮의 임수壬水가 戊土에 제압되어 목을 적셔줄 수 없다. 사巳·오午·신申이 미토未土를 끼고 있어 기氣가 남방으로 모였다. 책에서

"을목乙木이 리離(☲)의 자리에서 태어나고 그곳에 있으면 기가 흩어지는 화려함으로 이름붙인다."라고 하였으니 병으로 앓는 명조이다.

丙　戊　丙　丁
辰　寅　午　丑

戊土生午月, 火旺土燥, 所恃者辰丑中一點癸水爲救, 無如寅午會局, 丙丁出干, 熬乾癸水, 瞽目之命.

무토戊土가 오월에 태어나 왕성한 화火로 토土가 건조하니, 진辰과 축丑의 계수癸水에 의지하여 구원을 삼는데, 안타깝게도 인寅과 오午가 모인 형국에 병丙과 정丁이 천간에 있어 계수癸水를 볶아 마르게 하니 장님의 명조이다.

丙　庚　庚　丙
戌　戌　寅　寅

庚金生寅月, 氣絶之地, 寅戌會局, 兩丙出干, 煆煉太過, 四柱無滴水潤金. 至午運, 會齊火局, 瞽目. 兩干不雜, 氣勢雖淸, 不能解忌神會黨之凶也.

경금庚金이 인월寅月에 태어나 기氣가 끊긴 곳이다. 인寅과 술戌이 모인 형국에 두 병丙이 천간에 있어 뜨겁게 굽는 것이 너무 심한데, 사주에 금金을 적실 물이 없다. 오午운에 화火의 형국이 이루어

지니 장님이 되었다. 두 천간이 섞이지 않아 기세가 청淸할지라도 기신忌神이 모인 흉함을 풀 수 없었다.

```
丙 庚 甲 癸
戌 午 寅 卯
```

庚金生寅月, 更見寅午戌會局, 而透甲丙, 木助火炎, 癸水無根, 氣洩於木, 不能制火. 庚金煅煉太過, 癸水亦被熬干, 殘疾孤貧之命.

경금庚金이 인월寅月에 태어나고 다시 인오술寅午戌로 모인 형국을 보았는데 갑甲과 병丙이 천간에 있다. 목木이 화火의 불길을 돕는데, 뿌리가 없는 계수癸水는 기氣가 목木으로 빠져나가 화火를 제압할 수 없다. 경금庚金은 지나치게 달아오르고 계수癸水 또한 볶여서 말라버렸으니 외롭고 병을 앓는 명조이다.

7) 단명하는 명조[夭殤命]

夭之原因非一. 原命用神被傷, 而運又絶者, 大抵爲夭殤之命. 若運未絶, 則不至於死, 所謂有其命必有其福也. 氣濁神枯者, 偏枯之命也, 與殘疾下賤皆相似, 更須視其運是否已絶. 或生於貧賤而延壽, 生於富貴而夭殤, 福命轉移, 至難言矣.

단명하는 원인은 하나가 아니다. 원국의 용신이 상해를 당하고 운까지 끊어진 경우가 대체로 단명하는 명조이다. 운이 끊어지지 않았다면 죽음에 이르지 않는 것으로 이른바 그 명에 반드시 복이 있다는 것이다. 기氣가 탁하고 신神이 고갈된 것은 치우치고 고갈된 명조로 병을 앓고 빈천한 것과 모두 서로 비슷하니, 다시 반드시 그 운이 이미 끊어졌는지 아닌지를 본다. 혹 빈천한 집안에서 태어나도 장수하고 부귀한 집안에 태어나도 단명하니, 복과 운명이 굴러가는 것은 말하기 지극히 어렵다.

17   7

乙 甲 壬 丁　　　庚 辛
丑 寅 寅 酉　　　子 丑

書云, 活木忌埋根之鐵. 甲寅, 活木也, 生於初春, 木嫩喜火暖爲榮, 忌金來戕賊. 年時酉丑會局, 喜得丁火出干爲救. 故生於富貴之家, 無如丁壬合去用神, 運行辛丑, 自幼多病. 庚子運庚申年卒, 木被金傷故也.

책에서 "살아있는 나무는 뿌리를 묻는 쇠를 꺼린다."라고 했다. 갑인甲寅은 살아있는 나무로 이른 봄에 태어나 어리기 때문에 화火의 따뜻함으로 번성하기를 반기고, 금이 와서 해치는 것을 꺼린다. 연지와 시지에 유酉와 축丑이 모인 형국으로 천간에 있는 정화가 구원해 주는 것을 반갑다. 그러므로 부귀한 집안에 태어났으나 안타깝게도 정임丁壬합으로 용신이 제거되고 운이 신축辛丑으로 흘러 어려서부터 병치레가 잦았다. 경자庚子운 경신庚申년에 세상을 떠났으니, 금

金이 목木을 파괴했기 때문이다.

              12   2

丙 辛 戊 辛   丙 丁
申 亥 戌 酉   申 酉

辛金生九月, 戊土出干, 埋金晦火, 無甲木疏土, 難顯辛金之用, 地支申酉戌亥聯珠, 丙火臨於申位, 更見土晦, 用神受傷, 亦宜甲木出干爲救, 四柱無甲, 夭折之命, 至申運病卒.

신금辛金이 구월에 태어났는데, 무토戊土가 천간에 있음으로 금金을 묻고 화火를 어둡게 했으며, 갑목의 소토疏土가 없음으로 신금辛金의 용신을 드러내기 어렵다. 지지의 신申 유酉 술戌 해亥가 연결되어 있음에 병화丙火가 신申의 자리에 있는데, 다시 토土에게 덮어버려 용신이 손상을 당했으니, 또한 갑목이 천간에서 구제해야 한다. 사주에 갑목甲木이 없어 요절할 명조로 신申운에 병으로 세상을 떠났다.

              12   2

辛 乙 甲 丙   丙 乙
巳 酉 午 辰   申 未

乙木生午月, 火旺木焚, 非水爲救不可. 有水, 則金能生水爲恩物. 無水, 則金能剋木爲忌神, 四柱無滴水解炎, 乙木剋洩交氣集, 夭折之命. 至申運, 木臨絕地, 丁丑年卒.

을목乙木이 오월午月에 태어나 왕성한 화火가 목木을 태우고 있으니, 수水가 아니면 구제할 수 없다. 수水가 있으면 금金이 수水를 낳아 은혜롭게 할 수 있다. 수水가 없으면 금金이 목木을 극함으로 기신忌神이 된다. 사주에 수水가 화火를 끄지 못해 을목乙木을 극하고 설기하는 것이 함께 있으니, 요절할 명조이다. 신申운에 목木이 절지로 들어감에 정축丁丑년에 세상을 떠났다.

13 3

丙 庚 丙 己　　戊 丁
戌 午 子 亥　　寅 丑

庚生子月, 金水傷官, 以丙火調候爲喜. 無如午戌會局, 兩丙包圍, 煞旺身輕, 所恃者惟己土印綬. 得亥子之水制火潤土, 故生於宦家, 早年享父母蔭庇之福. 運至寅, 水臨絕地, 木旺土崩, 寅午戌會齊火局剋身, 不免夭折.

경庚이 자월子月에 태어나 금金에 수水 상관이니, 병화丙火의 조후를 반긴다. 그런데 안타깝게도 오午와 술戌이 모인 형국에 두 병丙이 포위하고 있으니, 살煞은 왕성하고 자신은 가벼워 믿을 것은 인수 기토己土일 뿐이다. 해亥와 자子의 수水를 얻어 화火를 제압하여 토土를 윤택하게 하기 때문에 관리의 집안에 태어남으로 어렸을 때는 부모가 보호해주는 복을 받았다. 인寅 운에 수水가 절지에 들어가면서 목木이 왕성해짐으로 토土가 붕괴되고, 인오술寅午戌 화국을 형성하여 자신을 극하니 요절하였다.

以上四造, 皆非貧賤. 誘以原命體用損傷, 有行不得之歎. 故致夭折, 其中辨別, 宜細味之.

이상의 네 명조는 모두 빈천하지 않으나 핑계를 대자면, 원래 명조에서의 몸체와 용신이 손상되었고 운의 흐름을 얻지 못하였다. 그러므로 요절하였으니, 그 속에서의 구별을 자세히 음미하여야 한다.

8) 도적의 명조[盜賊命]

所貴乎富貴者, 威權地位, 享用侍奉, 高出人上也. 然大盜橫行, 徒衆於百, 亦擅威福, 故盜魁之命, 與貧賤亦不同. 大抵化煞爲權者貴, 爲煞所制者盜. 身强任財者富, 財被劫奪者盜. 附列兩造, 以見一斑.

부귀보다 귀중한 것은 권위와 지위를 누리고 즐기면서 부모를 받들며 남들보다 빼어난 것이다. 그러나 큰 도적은 무리지어 횡행하면서 또한 권위와 복을 차지하기 때문에 도적 두목의 명조는 빈천한 것과는 다르다. 대체로 살煞을 권위로 변화시키는 것은 귀하고, 살煞에 제압당하는 것은 도적이다. 자신이 강하면서 재財를 감당하는 경우가 부자이고, 재財가 겁재에 약탈당하는 경우가 도적이다. 두 명조를 사례로 들었으니 일반적인 것을 살펴보자.

辛 己 乙 癸
未 巳 卯 卯

己土生二月, 乙木秉令, 又有癸水生之, 煞旺極矣. 巳未夾午祿, 會成南方. 日元亦强, 無如辛金制煞無力, 不能掃除群邪, 爲一大盜之命. 一造, 癸卯乙卯己巳庚午, 相差一時, 庚金出干, 制煞有力, 一將當關, 群邪自伏. 爲一督撫命.

기토己土가 이월에 태어나 을목乙木이 권력을 휘두르고 있는데, 또 계수癸水가 낳아주고 있으니, 살煞의 왕성함이 지극하다. 사巳와 미未가 오午의 녹祿을 끼고 모여 남방을 이루었다. 일원日元도 강한데 안타깝게도 신금辛金이 살煞을 제압함이 무력하여 나쁜 놈들을 없앨 수 없으니, 어떤 큰 도적의 명조이다. 어떤 명조 계묘癸卯 을묘乙卯 기사己巳 경오庚午와 시주밖에 차이가 없으나 경금庚金이 천간에 있어 살煞을 제압함이 유력하니, 한 장군이 문을 지키고 있음에 모든 나쁜 무리들이 스스로 항복하는 것이다. 어떤 총독의 명조이다.

庚 丁 丁 丙
戌 巳 酉 戌

明末李自成命, 丁火生八月, 財旺秉令. 巳酉會局, 庚金出干, 財旺極

矣. 無如丙丁並透, 群劫爭財, 財多分奪, 生成盜賊之命. 又張獻忠造, 丙
戌丁酉丁巳辛亥, 相差一時, 比劫爭財之病同, 如是命造, 豈能成大事哉.

　　명대明代 말기 이자성李自成의 명조로 정화丁火가 팔월에 태어나
왕성한 재재가 권력을 휘두르고 있다. 사巳와 유酉가 모인 형국에 경
금庚金이 천간에 있어 재재가 극도로 왕성하다. 그런데 안타깝게도
천간의 병丙과 정丁이라는 여러 비겁이 재재를 다투고 있어 재재가
약탈되는 것이 많으니, 도적의 명조를 만들었다. 또 장헌충張獻忠의
명조 병술丙戌 정유丁酉 정사丁巳 신해辛亥와 서로 시주에 차이가
있으나 비겁이 재재를 다투는 흠은 같으니, 이런 명조가 어떻게 큰일
을 이룰 수 있겠는가?

3. 태원胎元이 명궁命宮보다 중요함

命理有星平兩派. 星家重宮度. (參閱神煞篇) 子平重秉賦. 重宮度, 故其看法, 以太陽爲主. 命宮者, 誕生時太陽所臨之宮也. 推算之法, 必先求太陽宮, 以正月加子, 逆數至所生月, 卽是太陽宮, 又名月將, 詳推命宮法. 太陽宮者, 誕生月份太陽所臨之宮度也. 更從太陽宮以求命宮. 命宮者, 生時太陽所臨之宮度也. 以生時加太陽宮, 逆數至卯, 卽生時太陽所臨宮度.

명리학에는 성가星家와 자평子平 두 파가 있다. 성가星家에서는 궁도宮度를 중시하고 (신살神煞편을 참고하라.), 자평子平에서는 '선천의 자질[秉賦]'을 중시한다. 궁도宮度를 중시하기 때문에 간법은 태양이 위주이다. 명궁命宮은 태어났을 때에 태양이 있는 궁宮이다. 추산하는 법은 반드시 먼저 태양의 궁宮을 구한다. 정월正月에 자子를 붙이고 거꾸로 헤아려 태어난 월이 되면 곧 태양의 궁으로 월장月將이라고 이름 붙이니, 「명궁의 계산법」에서 자세히 설명하였던 것이다. 태양의 궁은 태어난 달에 태양이 있는 궁도宮度를 빛나게 하는 것으로 곧 태양궁을 따라 명궁命宮을 구하는 것이다. 명궁命宮은 태어난 시간에 태양이 있는 궁도宮度이다. 태어난 시간에 태양궁을 붙이고 거꾸로 헤아려 묘卯가 되면 곧 태어난 시간에 태양이 있는 궁도이다.

子平法以日爲主, 不用命宮. 雖月建以節氣爲主, 爲純粹之太陽曆, 然此乃曆法之關系, 藉以占氣候之淺深進退, 至於宮度, 非所重也.

자평의 법은 일간을 위주로 명궁을 쓰지 않는다. 비록 월건月建에서는 절기를 위주로 순수한 태양력이 될지라도 이것이 그야말로 역법과 관계된 것은 이것을 바탕으로 기후의 깊고 얕음이나 나아가고 물러남을 점쳐서 궁도宮度에 도달하려는 것이지 중요하기 때문이 아니다.

子平法重在秉賦之氣候, 故以月與時爲最緊要, 月者, 一年中氣候之序也, 時者, 一日中氣候之序也. 胎元爲得孕時之秉賦, 其重要不亞於月時.

자평의 법은 선천적으로 받은 자질의 기후를 중시하기 때문에 월과 시가 가장 중요하니, 월月은 1년에서 기후의 순서이고 시는 하루에서 기후의 순서이기 때문이다. 태원은 임신했을 때 받은 선천적 자질이니 그 중요함이 월과 시에 뒤지지 않는다.

李虛中命書云, 元命勝負, 三元者, 干祿支命納音身, 各分衰旺之地. 元命, 元來之命, 卽年命也, 年之干爲祿, 年之支爲命, 干支之納音爲身, 名爲三元.

이허중李虛中의 명서에서 "원명元命이 승부로 삼원三元은 간干이 녹록祿이고 지지가 명命이고 납음納音이 신신身인데, 각기 쇠지와 왕지로 나눠진다."라고 하였다. 원명은 원래의 명 곧 연의 명이고, 연간이 녹祿이며 연지가 명命이며 간지의 납음納音이 신신身이니, 이것들을 삼원이라고 명명한다.

又云, 四柱者, 胎月日時. 胎主父母祖宗者十分, 主事者二分. 月主時氣者十分, 主事者六分. 日主時氣者十分, 主事者八分. 時主用度進退向背力氣勝負, 皆十分, 吉與凶同.

또 "사주는 태胎·월月·일日·시時이다. 태胎는 부모와 조상을 위주로 한 것이 십분十分이고, 일을 위주로 한 것은 겨우 이분二分이다. 월月은 때의 기운을 위주로 한 것이 십분十分이고, 일을 위주로 한 것이 육분六分이다. 일日은 때의 기운을 위주로 한 것이 십분十分이고, 일을 위주로 하는 것이 팔분八分이다. 시時는 용도 진퇴 향배 기력 승부를 위주로 하는 것이 모두 십분十分이고 길과 흉이 같다."라고 하였다.

```
           年
           命
時　日　月　胎
            元
 柱      四
```

由是可見, 古人論命, 以年爲主者, 乃以年命提開另列, 不在四柱之內. 胎月日時爲四柱, 其式當如上排列.

이것을 근거로 옛 사람들이 운명을 논할 때에 연年을 위주로 한 것을 알 수 있는 것은 바로 연의 명을 다른 열로 제시하고 사주 안에 두지 않은 것이다. 태胎·월月·일日·시時가 사주로 그 방식은 위처럼 배치한 것이다.

又云, 支干納音之氣, 順四柱以定休咎, 所謂支干納音者, 年命之支干納音也. 順胎月日時, 以觀年命之庇衰强弱. (詳古法論命) 後人以日爲主, 而胎孕月份, 每不自知, 例以十箇月推算, 胎元乃無足輕重. 其實懷胎月份, 從七八箇月, 以至十三四箇月, 乃常有之事. 子子姪輩七人, 胎元八箇月占其三, 九箇月占其一, 十一箇月占其一, 十月胎元, 僅二人. 又友人某君, 爲七箇月生, 皆其證也.

또 "또 지간납음支干納音의 기운은 사주의 순서대로 '길함과 흉함

[休咎]'을 정한다."라고 하였으니, 이른바 지간의 납음은 연명에서 지간의 납음이다. 태胎·월月·일日·시時에 따라 연명年命의 왕함과 쇠함·강함과 약함을 관찰했다. (「명을 논하는 옛날 법」에서 상세하게 설명함) 후대의 사람들은 일日을 위주로 하면서 잉태한 달을 매번 스스로 알지 못하여 대략 열 달로 계산하였으니, 태원은 이에 별로 경중이 없었다. 실제로 잉태한 달은 일곱 달에서 열서너 달까지가 일상적으로 있는 일이다. 나의 자식과 조카가 일곱인데, 태원 여덟 달이 세 명, 아홉 달이 한 명, 열한 달이 한 명이니, 열 달은 겨우 두 명이다. 또 어느 친구가 칠삭둥이인 것이 모두 그 증거이다.

世有年月時皆同, 而胎元不同者, 非可一例論也. 如翁同和命, 生於道光十年四月廿七日寅時, 據星命抉古錄轉錄, 庚寅, 辛巳, 乙酉, 戊寅. 乙木生於小滿前兩日, 火旺木枯, 庚辛官煞並透, 巳酉又會煞局, 木被金傷. 四柱無水爲救, 殘廢夭折之命也. 若查其胎元, 照下式排列, 其貴卽顯然可見.

세상에는 연 월 일 시가 모두 같지만 태원이 같지 않는 경우는 하나의 사례로 논할 수 있는 것이 아니다. 이를테면 옹동화翁同龢의 명조는 도광道光 십년 사월 이십칠일 인시寅時에 태어났으니, 성명결고록박록星命抉古錄轉錄에 근거한 것으로 경인庚寅 신사辛巳 을유乙酉 무인戊寅이다. 을목乙木이 소만小滿 이틀 전에 태어남으로 화火가 왕성하여 목木이 말랐고, 경庚과 신辛 관살이 함께 천간에 있으며, 사巳와 유酉까지 또 살煞의 형국을 이루었으니, 목木이 금金에게 손상되었다. 사주에 수水의 구원이 없어 몸을 크게 다쳐 요절할 명조이다. 그런데 그 태원을 조사하면 다음처럼 나타나니 그 귀함을 바로 환하게 알 수 있다.

```
              庚
              寅
              年
 戊   乙   辛   壬
 寅   酉   巳   申
 時   日   月   胎

 66  56  46  36  26  16   6
 戊   丁   丙   乙   甲   癸   壬
 子   亥   戌   酉   申   未   午
```

得壬申之水爲救, 洩庚辛而制丙火. 潤土培木, 病重藥眞, 挽救得力, 焉得不貴. 運行西北, 用神得地, 大魁天下, 靑雲直上宜矣.

임신壬申 수水의 구원을 얻음으로 경庚과 신辛을 누설하여 병화丙火를 제압하였다. 토土를 윤택하게 하고 목木을 북돋워 병病이 무거우나 약藥이 참됨으로 구원을 받아 힘을 얻었으니, 어찌 귀하지 않겠는가? 서북으로 운이 흐르고 용신이 제 있을 곳을 얻어 천하에 큰 우두머리가 되었으니, 청운이 바로 위로 올라감이 당연하다.

丙戌丁三運, 有壬水回剋, 雖沒沒無聞, 無損其貴. 亥運秉政當國, 戊運戊戌年遭貶謫, 戊土剋壬水, 傷用故也. 且原命寅申一沖, 晚年遭貶謫之禍, 亦見之於命中. (又此造胎元疑爲癸酉[九箇月]. 翁出身鼎甲, 見癸爲正途也.) 又近代社會名人.

병술정丙戌丁 세 대운에 임수壬水가 반대로 극을 당함에 침몰하고 침몰하며 세상에 알려지지 않았지만 그 귀함을 손상시키지는 못했다. 해亥운에 정권을 잡아 국사를 담당하였으나 무戊운 무술戊戌년에 유배를 당한 것은 무토戊土가 임수壬水를 극함으로 용신을 해쳤기 때문이다. 또 원래 명조에서 인寅과 신申이 한 번 충을 해서 만년에 귀양가는 화를 당하는 것도 명조 가운데 있고, (또 이 명조의 태원은 아마 [아홉 달인] 계유癸酉일 수 있다. 옹동화는 명문거족 출신이니, 계가 바른 길임을 드러낸 것이다.) 또 근대사회의 유명한 사람이다.

虞洽卿, 施再邨兩造, 曾載滴天髓補注, 一從格一非從格, 辨別至難, 若以胎元並列, 無所用其爭論.

우흡경虞洽卿 시재촌施再邨 두 명조는 『적천수보주滴天髓補註』에 실려 있다. 한편으로 종격從格이고 한편으로 종격이 아니어서 판별하기가 아주 어려우나 태원을 함께 나열한다면 쟁론이 필요 없다.

虞造, 丁卯丙午庚午己卯, 胎元丁酉.
施造, 戊辰甲寅壬戌丙午, 胎元乙巳.

우흡경의 명조는 **정묘丁卯 병오丙午 경오庚午 기묘己卯**로 **태원**은 **정유丁酉**임.

시재촌의 명조는 **무진戊辰 갑인甲寅 임술壬戌 병오丙午**로 **태원**은 **을사乙巳**임.

虞造胎元丁酉, 庚金通根帝旺. 自不能以從論. 施造胎元乙巳, 壬水絕地, 其從才顯然可見, 無所用其疑惑也.

우흡경의 명조는 태원이 정유丁酉여서 경금庚金이 제왕에 뿌리를 두고 있음으로 종격從格으로 논할 수 없다. 시재촌의 명조는 태원이 을사乙巳여서 임수壬水가 절지임으로 그것이 종격임을 분명히 알 수 있으니, 미심쩍어 할 필요가 없다.

又如朱家驊命, 癸巳, 丁巳, 丁卯, 丙午, 胎元戊申.
또 이를테면 주가화朱家驊의 명조는 **계사癸巳 정사丁巳 정묘丁卯**

병오丙午로 태원이 무신戊申임.

　癸水出干, 毫無損傷, 必用官星, 然四柱無根, 又無才以生之. 能無熬乾之懼, 不知胎元申宮, 癸水通源, 如是九箇月生, 胎元己酉, 巳酉會局以生癸水, 尤爲貴氣. 支聚卯巳午三台星(另詳)增助官星之貴, 宜乎位至總長主席矣.
　천간에 있는 계수癸水가 조금도 손상을 당하지 않아 반드시 관성을 용신으로 해야 하겠지만 사주에 뿌리가 없는데다가 또 그것을 낳아줄 재성이 없다. 그런데 볶여서 말려버리는 두려움을 없앨 수 있는 것은 태원이 신궁申宮으로 계수癸水가 근원에 통한 것인지, 아홉 달에 태어나 태원이 기유己酉라면 사유巳酉로 모인 형국이 계수癸水를 생해 더욱 귀한 기운이 되었는지 모르겠다. 지지에 묘卯·사巳·오午 삼태성三台星이 모여 (별도로 자세히 설명할 것임) 관성의 귀함을 더욱 도왔으니, 당연히 지위가 총장과 주석에 이르렀다.

　又如吳鐵城命, 戊子, 乙卯, 己卯, 乙丑, 胎元丙午.
　또 이를테면 오철성吳鐵城의 명조는 무자戊子 을묘乙卯 기묘己卯 을축乙丑으로 태원은 병오丙午임.

　己土生二月, 兩乙出干, 四柱無庚金制乙, 掃邪歸正, 非七煞無制乎. 己爲陰濕之土, 無丙溫暖, 不能成萬物. 故用庚制, 不如用丙化爲貴. 得胎元丙午, 化煞生土, 乃成大貴之格.

기토己土가 이월에 태어남에 두 을乙이 있는데, 사주에 경금庚金이 을乙을 제압함으로 사악한 것들을 쓸어내어 바름으로 돌아옴이 없으니, 칠살이 제압이 없는 것이 아니겠는가! 기己는 음습한 토土로 병丙의 따뜻하게 데워줌이 없으면 만물을 이룰 수 없다. 그러므로 경庚을 용신으로 해서 제재하는 것은 병丙을 용신으로 귀하게 하는 것만 못하다. 태원 병오丙午를 얻어 살煞을 변화시켜 토土를 낳으니 그야말로 크게 귀함을 이룬 격이다.

胎元足以成格, 也足以破格. 關於上蔭祖基爲重, 或以胎元非盡得用爲疑, 不知子平法. 除日主月令爲全局關鍵, 不可或離外, 其餘胥視喜用需要而爲配合, 倘非喜用所在, 卽年與時, 亦置諸閑神忌神之列, 豈特胎元爲然哉. 況胎元所主, 父母祖宗者十分, 主事僅二分, 與今法論命, 以年爲祖基者略同. 造化元鑰所列命造, 引胎元爲用者甚多, (詳己土四五月節) 可見古人原有此看法. 特爲今人所忽略, 故表而出之.

태원은 격을 이룰 수도 있고 격을 파괴할 수도 있다. 윗대 조상의 그늘과 토대에 관한 것은 중요한데, 혹 태원이 모두 용신을 얻은 것이 아닌 것으로 의심을 하는 것은 자평의 법을 모르는 것이다. 일주日主와 월령月令이 전체 원국의 관건인 것은 언제나 떠날 수 없는 것임을 제외하고, 그 나머지는 모두 용신을 반기는 수요를 보고 배합하는데, 혹시 용신의 소재를 반기지 않으면, 바로 연年과 시時에서도 한신閑神과 기신忌神의 반열에 놓으니, 어찌 단지 태원에서만 그렇게 하겠는가? 하물며 태원이 주로 하는 것은 부모와 조상을 위주로 한 것이 십분十分이고 일을 위주로 한 것은 겨우 이분二分이니, 지금의 명조를 논하는 법에서 연을 조상으로 하는 것과 대충 비슷하다. 『조화원약造化元鑰』에서 나열한 명조에서 태원으로 용신을 삼은 것이 아주 많으니, (자세한 것은 기토 4월 5월절에 있음) 옛 사람들에게는 원래 이렇게 보는 법이 있었음을 알 수 있다. 그런데 단지 요즘 사람들이 소홀히 하기 때문에 밝혀서 드러냈다.

4. 세와 운을 논함 상 [論歲運上]

　　三命通會一書, 集古來論命之大成, 古書失傳之本, 惟於通會中, 可窺見一班. 惜編次蕪雜, 兼收並蓄, 而無抉擇年本日主, 讀者苦之. 然推命之書, 實以此書爲最完備. 玆摘其論歲運, 各節略加評註, 以實吾編, 間或加以刪節, 閱者諒之.

　『삼명통회三命通會』라는 한 책은 옛날부터 운명을 논한 것을 집대성한 책이니, 옛 책에서 사라진 근본을 오직 이 책에서 다소 엿볼 수 있다. 그런데 안타깝게도 편차를 함부로 뒤섞여 함께 쌓아놓고는 연이 근본인지 일이 중심인지도 가려놓지 않아 독자를 고통스럽게 한다. 그러나 운명을 논하는 책으로는 실로 이 책을 가장 완비된 것으로 여긴다. 이에 태세와 대운을 논한 것을 뽑아내 각 구절마다 대략 평가와 주석을 더함으로 나의 견해를 채우기도 하고 간혹 절을 없애 버리기도 하였으니, 열람하는 자들이 살펴보라.

1) 대운[大運]

　三命通會曰, 運者, 人生之傳舍, 先以三元四柱, 格局配合, 定其根基, 然後考覈運氣, 協而從之. 故根基如木, 運氣如春. 春無木而不著, 木無春而不榮. 賦以根基淺薄者, 如蓬蒿之微, 春風潛發, 亦能敷榮, 過時則萎. 根基厚旺者, 如松柏之實, 不爲歲寒所變, 此所以先論根基, 後言運氣也.

　『삼명통회』에서 "대운은 사람이 머무는 집이니, 먼저 삼원三元과 사주로 격국格局이 배합되면 그 근기를 정한 다음에 그 운기運氣를 따져 그것에 맞추어 따른다. 그러므로 근기는 목木과 같고 운기는 봄과 같다. 봄은 목木 없이 나타나지 않고 목은 봄 없이 꽃피우지 못한다. 받은 근기가 약한 자는 보잘 것 없는 잡초와 같아 봄바람이 불면 남모르게 나와 또한 꽃을 피울 수 있으나 그런 시절이 지나가면 뿌리가 마른다. 근기가 두터운 자는 튼실한 송백과 같아 세월의 차가움에도 변화하지 않으니, 이 때문에 먼저 근기를 논하고 뒤에 운기를 말하는 것이다."라고 하였다.

　凡人以原命四柱爲根基, 一生窮通壽夭環境地位, 不出八字之中, 仔細推尋, 無不卻如其份. 如原命高而出身低, 雖行平常之運, 亦能逐漸進展, 達其應有之地位. 原命高出身佳, 而運不助, 不過事業無進步, 不失其安富尊榮. 如出身高而原命低, 雖謹愼自守, 亦必逐漸蕭條, 所以命爲根基也.

일반적으로 사람들은 원래 명조의 사주를 근기로 하여 평생 동안의 곤궁과 출세·장수와 요절·환경과 지위가 이 여덟 자를 벗어나지 않으니, 자세히 따져보면 그것과 같지 않은 것이 없다. 이를테면 원래 명조가 좋으나 출신이 하찮은 자는 평범한 운으로 흘러갈지라도 점차로 발전해서 가져야할 지위에 있게 된다. 원래 명조가 좋고 출신도 좋은 자인데 운이 돕지 않으면 사업을 해도 발전하지 못하고 물려받은 부귀영화를 잃지 않는 것에 불과할 뿐이다. 출신이 좋은데 원래 명조가 하찮은 자는 열심히 노력할지라도 잘되지 않으니 명조가 근기이기 때문이다.

書云, 命論一世之榮枯, 運言一時之休咎, 論運不離原命之範圍. 命低而遇佳運, 如小草之値春風, 非不欣欣向榮, 但蓬蒿終是蓬蒿, 不能變爲芝蘭. 命高運低, 如松柏之値歲寒, 雖不得志於時, 但松柏終是松柏, 不因歲寒而變爲蒲柳, 此言上等格局也. 至於中下格局, 原命配合, 未得中和, 非恃運助, 不得敷榮. 得運則發, 不得運則不發, 是皆庸庸碌碌者, 流滔滔者, 天下皆是也.

책에서 "명조는 일생의 영화와 고난을, 운은 일시의 길함과 흉함을 말한다."라고 하였으니, 운이 원래 명조의 범위를 벗어나지 않는 것에 대해 논한 것이다. 운명이 나쁜데 좋은 운을 만나면 잡초가 봄바람을 만난 것처럼 기분 좋게 영화롭게 되지 않는 것은 아니지만 잡초는 끝내 잡초일 뿐이어서 귀한 약초로 변할 수는 없다. 명조가 좋은데 운이 나쁘면 송백이 겨울을 만난 것처럼 시대에 뜻을 이룰 수는 없지만 송백은 끝내 송백이어서 겨울 때문에 보잘 것 없는 갯버들로 변하지는 않으니, 이것은 상급의 격국에 대해 말하는 것이다. 중급과 하급의 격국에서는 원래 명조를 배합하여 중화中和를 얻지 못한 것은 운의 도움을 얻지 못하면 영화롭게 되지 않는다. 운을 얻으면 발전하고 그렇지 않으면 발전하지 못하는 것은 모두 평범한 것들이 휩쓸려 흘러 다니며 끊어지지 않는 것이니, 세상의 대부분이 여기에 해당한다.

凡行運在干, 並用地支之神, 在支, 則棄天干之物. 蓋大運重地支. 故有行東方南方西方北方之辨.

일반적으로 운의 흐름은 천간에서는 지지의 신神을 함께 사용하지만 지지에서는 천간의 것들을 버려둔다. 대개 대운은 지지가 중요하다. 그러므로 동방·남방·서방·북방으로 흘러가는 것에 대한 구별이 있다.

大運拾年並論, 然上下干支之重輕, 須配合原命四柱而言之, 愼勿以其蓋頭截脚視爲無力. 譬如.

대운 십년을 아울러 함께 논하지만 상하 간지의 경중은 반드시 원래 명조의 사주와 배합해서 말해야 하니, 진실로 머리를 덮고 다리를 잘라버리고 보는 것을 무력하게 하지 않도록 하기 위함이다. 비유하자면 다음과 같다.

<pre>
           44 34
丙 壬 丁 乙   壬 癸
午 申 亥 未   午 未
</pre>

壬水生於拾月, 月令建祿, 日坐長生, 身旺以食神生財爲用. 運行癸未, 南方截脚之水, 絶地無氣. 然配合原命, 有長生臨官, 癸水劫財之力甚鉅. 猶幸南方之水無力, 爲禍不足也. 壬午則不然, 丁壬相合, 有情生財, 而不劫財矣. 又如鄙造.

임수壬水가 시월에 태어나 월령이 건록이고 일간이 장생지에 앉아 있음으로 자신이 왕성하여 식신생재食神生財로 용신을 삼았다. 운이 계미癸未로 흘러 남방의 다리가 잘린 수水는 절지로 기운이 없다. 그렇지만 원래의 명조에 배합하면 장생과 임관이 있어 계수癸水 겁재의 힘이 아주 크다. 그런데 오히려 다행스럽게도 남방의 수水는 힘이 없어 별로 재앙이 되지 않는다. 임오壬午 대운에서는 그렇지 않아 정丁과 임壬이 서로 합해 유정有情으로 재를 생하나 재를 빼앗지 못하니, 또 비천한 명조와 같다.

10

丙 丙 壬 丙　　癸
申 申 辰 戌　　巳

申辰會局而透壬水. 丙火雖通根戌庫, 究嫌煞重身輕, 喜得生在淸明後一日, 乙木餘氣可用. 運行癸巳, 南方絶地之水, 然配合原命, 仍能助煞爲虐, 所謂官來混煞是也. 猶幸南方之水, 爲禍不足, 且在幼年, 氣運未過, (見下總論) 不致有大妨礙, 此所謂行運在干, 以干爲主, 而兼看地支之神是也.

신申과 진辰이 모인 형국인데 천간에 임수壬水가 있다. 병화丙火가 술고戌庫에 통근通根하고 있을지라도 결국 살煞이 무겁고 자신이 가벼운 것을 싫어하여 청명淸明 하루 뒤에 태어난 것을 반기니, 을목乙木의 여기餘氣를 용신으로 할 수 있다. 대운이 계사癸巳로 흘러 남방 절지의 수水이나 원래의 명조와 배합하면 살煞을 도와 사납게 되니, 이른바 관이 와서 살煞을 혼탁하게 했다는 것이 이런 경우이다. 그런데 여전히 다행스럽게도 남방의 수水는 별로 재앙이 되지 않고, 또 어린 시절로 아직 기운이 지나치지 않아 (아래의 총론을 참고할 것) 크게 방해되지는 않으니, 이것이 이른바 운의 흐름이 천간에서는 그것을 위주로 하여 아울러 지지의 신神을 본다는 것이 여기에 해당한다.

行運在支, 則棄天干不論, 如上乙未造, 行癸未運, 至未字會亥卯成局,以木論不以土論. 不因癸水蓋頭而有所增損, 所謂大運重地支是也. 復次以運配合原命, 專論會局, 不論六合, 因會局氣同進退, 五行從其重者, 可不論本來之性質. (詳第二編) 六合僅作配合有情論, 如鄙造行癸巳運, 巳申相合, 仍爲丙火祿地, 不因六合而變更其性質也.

운의 흐름이 지지에서는 천간을 버리고 논하지 않으니, 이를테면 앞의 을미乙未 명조는 대운이 계미癸未로 흘러 미未가 해亥 묘卯와 함께 형국을 이루어 목木으로 논하지 토土로 논하지 않는 것이다. 계수가 머리를 덮었다고 더하고 덜어내는 것이 있지 않으니, 이른바 대운은 지지를 중시한다는 것이 여기에 해당한다. 다시 이어서 운을 원래의 명조와 배합하여 '모인 형국[會局]'만 논하고 육합六合은 논하지 않으니, 모인 형국의 기가 함께 진퇴하는 것으로 말미암아 오행이 그 중요한 것을 따르는 것은 본래의 성질을 논하지 않는 것이다. (2편에서 자세히 설명한 것임) 육합이라도 배합되어 유정하면 논하니, 앞의 비천한 명조에서 대운이 계사癸巳로 흘렀다면, 사巳와 신申이 서로 합해 병화丙火의 건록지가 되니 육합했기 때문에 그 성질을 바꾼 것은 아니다.

損用神者, 欲運制之. 益用神者, 欲運生之. 身弱欲運引進旺鄕, 官欲運生, 不欲運傷, 殺欲運制, 不欲運助, 財欲運扶, 不欲運劫, 印欲運旺, 不欲運衰, 食欲運生, 不欲運行梟絕.

용신을 덜어내는 것은 대운이 제재하도록 하고, 용신을 더하는 것은 대운이 생하게 한다. 신약身弱은 대운으로 끌어당겨서 왕성한 곳으로 나아가게 하고, 관성은 대운이 생하게 하고 해치지 않게 하며, 살煞은 대운이 제재하게 하고 돕지 않게 하며, 재성은 대운이 돕게 하고 빼앗지 않게 하며, 인성은 대운이 왕성하게 되게 하고 쇠약하게 되게 하지 않으며, 식신은 대운이 생하게 하고 효신梟神이 끊어버리게 하지 않는다.

此爲論運普通之法, 所謂身弱者, 喜行身旺之地, 身强者, 喜行用神旺地, 是也. 用官星者, 宜財運以生之, 不宜行傷官之地. 用殺者, 宜行制殺之鄕, 不宜財生之運. 煞弱爲偏官, 不以煞論. 用財不可見劫, 用印不可見財, 用食不可見梟, 此一定之法也.

이것이 대운을 논하는 일반적인 방법이니, 이른바 신약身弱은 자신이 왕성한 곳으로 운이 흘러가는 것을 반기고, 신강身强은 용신이 왕성한 곳으로 운이 흘러가는 것을 반긴다는 것이 이것이다. 관성을 용신으로 하는 경우는 재운이 생해주어야 하니, 운이 상관으로 흘러가서는 안된다. 관살을 용신으로 하는 경우는 대운이 그것을 제재하는 곳으로 흘러야 하니 재성이 생해주는 운으로 흘러서는 안된다. 살煞이 약한 것은 편관이니, 살煞로 논하지 않는다. 재성을 용신으로 하면 겁재를 봐서는 안되고, 인성을 용신으로 하면 재성을 봐서는 안되며, 식신을 용신으로 하면 효신을 봐서는 안되니, 이것은 변하지 않는 법이다.

原文云, 如木人用金爲官, 陽男, 運出未入申；陰男, 運出亥入戌. 金人用木爲財, 陽男, 出丑入寅, 陰男, 出巳入辰, 俱爲向臨官祿馬. 原有官, 行官運發官, 原有財, 行財運發財. 原有災, 行災運發災云云.

원문에서 "목인木人이 관성인 금金을 용신으로 함에 양남陽男은 대운이 미未를 벗어나 신申으로 들어가고, 음남陰男은 대운이 해亥를 벗어나 술戌로 들어가는 것이며, 금인金人이 재성인 목木을 용신으로 함에 양남陽男은 축丑을 벗어나 인寅으로 들어가고 음남陰男은 사巳를 벗어나 진辰으로 들어가는 것이니, 이것들은 모두 임관臨官과 녹마祿馬를 향하는 것이다. 원국에 관官이 있어 관운으로 흘러가면 관을 드러내는 것이고, 원국에 재財가 있어 재운으로 흘러가면 재를 드러내는 것이며, 원국에 재앙이 있어 재앙의 운으로 흘러가면 재앙을 드러낸다."라고 하였다.

所謂木人金人者, 指當生太歲之納音言. 古法以年爲主, 生剋皆從年起, 出未入申, 出亥入戌, 同爲向財官旺鄕也. 原命以官爲用, 喜官旺者, 行官旺運發官, 原命以財爲用, 喜財旺者, 行財旺運發財, 原命以財官爲忌, 則行財官運見災. 專就用神論. 通會雖依古法言年命納音, 子平法可一理共推也.

 이른바 목인木人 금인金人은 태어난 해의 납음을 가리켜서 말한 것이다. 옛 법에서는 연을 위주로 하면서 상생과 상극은 모두 일으켰으니, 미未를 벗어나 신申으로 들어가고 해亥를 벗어나 술로 들어가는 것은 동일하게 재와 관이 왕성한 곳으로 향하는 것이다. 원국의 명조에서 관이 용신이어서 관이 왕성한 것을 반김에 관이 왕성한 운으로 흘러가면 관이 드러나고, 원래 명조에서 재가 용신이어서 재가 왕성한 것을 반김에 재가 왕성한 운으로 흘러가면 재가 드러나며, 원래 명조에서 재와 관을 꺼리면 재와 관의 운으로 흘러가면 재앙을 당한다는 것은 오로지 용신으로 논한 것이다. 『삼명통회』에서 옛 법에 따라 연명年命의 납음을 말했는데, 자평의 관법에서는 하나의 이치로 함께 미룰 수 있는 것이다.

更看四柱强弱, 原有原無, 原輕原重.
 다시 사주의 강약이 원국에 있는지 없는지 원국에서 가벼운지 무거운지를 보자.

此言配合原命之有無强弱, 而論災福之輕重也. 譬如用官而行傷官運, 原命官星强, 而無傷官, 雖行傷官運, 爲禍不重. 原命官星弱, 又有傷官暗伏, 而行傷官運, 其爲禍必重矣. 更須看有無救應. 如用官而有財印在前,行傷官運, 有財化傷生官, 反以吉論. 以印制傷護官, 亦不爲禍.

여기에서는 원래의 명조에 강함과 약함이 있는지 없는지 배합을 말하면서 재앙과 복의 경중을 말하였다. 비유하자면 관을 용신으로 하는데 상관운으로 흘러감에 원래 명조에서 관성이 강하고 상관이 없으면 상관운으로 흘러갈지라도 재앙이 크지 않다. 원래 명조에 관성이 약한데다가 또 상관이 암암리에 숨어 있는데 상관운으로 흘러가면 그 재앙이 반드시 크다. 그래서 구원하고 호응하는 것이 있는지 없는지를 반드시 봐야 한다. 이를테면 관성이 용신인데 재財와 인印이 앞에 있고 상관운으로 흘러가면 재가 상관을 변화시켜 관을 생하니, 도리어 길한 것으로 논한다. 인성이 상관을 제재하여 관을 보호해도 재앙이 되지 않는다.

```
                42  32
戊  戊  乙  癸      庚  辛
午  申  卯  巳      戌  亥
```

如白崇禧命. 年上癸水爲財, 月令官星當旺, 爲官得財生, 行庚辛傷官運, 有財引 化反而生官, 此乃原命有救應之神, 雖申宮傷官暗伏, 逢運引出, 亦不爲 禍. 惟懼流年比劫發財, 則庚金傷官星矣.

이를테면 백숭희白崇禧의 명조이다. 연(年에) 있는 계수癸水는 재財이고 월령 관성은 왕성한데, 관성이 재의 생함을 얻었다. 대운이 경庚과 신辛 상관으로 운으로 흘러 재가 끌어당겨 변화시킴으로 도리어 관을 생하였으니, 이것이 바로 원래 명조에 구원하고 호응하는 신神이 있는 것이다. 신궁申宮에서 관을 해치는 것이 암암리에 숨어 있어 운을 만나 끌어당겨 내놓을지라도 재앙이 되지 않는다. 다만 유년에서 비겁이 재를 빼앗으면 경금이 관성을 해칠 것이 두렵다.

```
                      51 41 31 21
   辛 丙 甲 癸         戊 己 庚 辛
   卯 戌 子 未         午 未 申 酉
```

此梁鴻志命. 丙火生十一月, 冬日無溫, 必用甲木偏印. 月令官星當旺, 癸水出干, 取印化官爲用. 惜丙辛相合, 雖不壞印, 不免戀財而不顧官印, 是則關於人之性情矣. 辛酉庚運, 得癸水引化, 不壞申印, 己未戊運甲木回剋不傷官星, 此皆原命救應也. 申運會子成水局, 不免巨浪滔天, 午運沖月令官星, 且爲甲印死地, 戰剋之禍, 所不免耳.

이것은 양홍지梁鴻志의 명조이다. 병화丙火가 십일월에 태어나 겨울에 온기가 없으니, 반드시 갑목甲木 편인을 용신으로 해야 한다. 월령 관성은 왕성한데 계수가 천간에 있음에 인성을 취해 관을 변화시키는 것으로 용신을 삼았다. 애석하게도 병丙과 신辛이 서로 합해 인성을 붕괴시키지 않을지라도 재財에 연연하여 관官과 인印을 돌아보지 못하니, 이것은 사람의 성정性情에 관한 것이다. 신유辛酉와 경

庚의 운에 계수癸水가 그것들을 끌어당겨 변화시킴으로 갑甲 인성을 붕괴시키지 않는다. 기미무己未戊운에 갑목甲木이 도리어 극함으로 관성을 손상시키지 않으니, 이것은 모두 원래 명조에서 구제하고 응원하는 것이다. 신申운에는 자子와 모여 수水의 형국을 이루니, 큰 파도가 하늘을 덮는 것을 모면하지 못한다. 오午의 운에는 월령 관성을 충하면서 또 甲 인성의 사지死地가 되니, 전쟁으로 극하는 재앙을 면하지 못한다.

不但喜忌救應, 論原有原無, 卽用神亦然. 書云, 根在苗先, 實在花後, 先有根而後長苗, 有花然後結果. 若四柱原無財官, 雖遇財官吉運, 發福不大, 亦止虛花而已. (通會建祿篇) 財官卽用神也, 原無財官者, 言四柱配合, 必須以財官爲用而不見財官也. (命理所用, 不外財官食印, 煞傷梟劫八神, 簡言財官以槪其餘. 原文論建祿格, 以財官爲必需用之神也.) 如,

반기고 꺼리며 구원하고 호응할 뿐만 아니라 원국에 있고 없는 것을 논하는 것은 곧 용신에서도 그렇다. 책에서 "뿌리는 싹에 앞서 있고, 열매는 꽃의 뒤에 있으니, 먼저 뿌리가 있은 다음에 싹이 자라고 꽃이 있은 다음에 열매를 맺는다. 사주 원국에 재財와 관官이 없다면 재와 관의 좋은 운을 만날지라도 복이 오는 것이 크지 않아 또한 헛된 영화에 그치고 만다"라고 하였다. (『삼명통회』 건록편建祿篇) 재와 관이 곧 용신인데 원국에 재와 관이 없을 경우에 사주의 배합에서 반드시 재와 관을 용신으로 하면서도 재와 관을 보지 못하는 것이다. (명리에서 쓰는 것은 재성 관성 식신 인성 관살 상관 효신 겁재 여덟 신神을 벗어나지 않으니, 간략히 재성과 관성을 말하여 그 나머지를 개괄한다. 원문에서 건록격을 논함에 재성과 관성을 반드시 필요한 신神으로 여겼다.) 이를테면 다음과 같다.

```
                    69  59  49  39
  辛  戊  癸  癸     丙  丁  戊  己
  酉  辰  亥  卯     辰  巳  午  未
```

戊土生拾月, 財星當旺. 亥卯木局, 有辰酉之金剋之, 其以財星通關爲用明矣. 然冬土氣虛而寒, 非見印劫不能任財, 而原命無星星之火, 土脈不溫. 雖行火土南方運, 發福不大. 如四柱支中藏一點火爲元機暗藏, 運行南方, 卽爲巨富之格. 如一造, 癸酉, 癸亥, 戊子, 丁巳, 巳宮丙戊得祿爲歸祿格是也.

무토戊土가 시월에 태어나 재성이 왕성하다. 해亥와 묘卯의 목木의 형국을 진辰과 유酉의 금金이 극剋함에 그것을 재성의 통관通關으로 용신을 삼는 것이 분명하다. 그러나 겨울의 토土는 기氣가 비어 있고 차가워 인성과 비겁을 보지 않으면 재성을 감당할 수 없는데, 원래 명조에 반짝이는 화火가 없어 토土의 맥이 따뜻하지 않다. 운이 화火와 토土 남방으로 흘러갈지라도 발복하는 것이 크지 않다. 만약 사주의 지지 지장간에 한 점의 화기가 있음으로 원래의 기틀에 암장되었다면, 운이 남방으로 흘렀다면 바로 거부가 되었을 격이다. 이를테면 계유癸酉 계해癸亥 무자戊子 정사丁巳라는 어떤 명조는 사궁巳宮에서 병丙과 무戊가 건록을 얻어 귀록격歸祿格이 된 것이 이런 경우이다.

```
              52  42  32
癸 癸 辛 辛    丁  丙  乙
丑 丑 丑 丑    未  午  巳
```

此女造也, 癸水生十二月, 金寒水凍, 非見財星不可, 無如四柱不見星火, 所以出身寒微. 運行東南木火之郷, 境遇舒適. 以原命無財, 雖行財地, 發福不鉅.

이것은 여자의 명조로 계수癸水가 십이월에 태어나 금金은 차갑고 수水는 얼어붙어 재성을 보지 않아서는 안되는데, 안타깝게도 사주에는 반짝이는 화火의 별이 없어 출신이 한미하다. 운이 동과 남, 목과 화의 방향으로 흘러 편안하고 안락하게 되었다. 원래 명조에 재성이 없어 재성운으로 갈지라도 발복하는 것은 크지 않다.

又一女造, 辛丑, 辛丑, 壬寅, 辛丑. 寅中暗藏一點丙火, 卽出身富貴之家, 嫁得金龜之婿. 同一南方運, 而發福巨細不同, 則以原有原無之故也.

또 어떤 여자의 명조 신축辛丑 신축辛丑 임인壬寅 신축辛丑은 인寅에 일점의 병화丙火를 암장하고 있어 부귀한 집안의 출신으로 돈 많은 남자에게 시집갔다. 동일하게 남방의 운으로 흘러갈지라도 발복의 크고 작음이 다른 것은 원국에 있고 없는 차이 때문이다.

更看當生年時, 得氣淺深. 四柱得氣深, 迎運便發, 得氣淺, 須交過運始發. 得其中氣, 運至中則發. 壺中子曰, 吉運未到先作福, 凶神過去始爲災, 乃火未焰而先烟, 雨旣過而猶濕之理也.

다시 태어난 연의 때에서 받은 기운이 얕은지 깊은지를 본다. 사주에서 받은 기운이 깊으면 운을 맞이함에 바로 드러나고, 받은 기운이 얕으면 지나가는 운과 교차되어야 비로소 드러난다. 중기中氣를 얻으면 운이 가운데 도달해야 드러난다. 아중자壺中子가 "길운은 아직 오지 않았는데 먼저 복이 되고 흉신은 가버려야 비로소 재앙이 된다."라고 하였으니, 바로 화는 불꽃이 타오르지 않아도 연기가 나고 비는 이미 지나가야 오히려 축축하게 되는 이치이다.

得氣淺深, 關係發之遲早, 其理至爲奧妙. 今人以運之休咎不符, 致疑於用神之有誤, 其實非也. 運有已過而氣未盡者, 亦有運未至而氣先來者, 不能劃定界限, 尤須參酌流年喜忌之配合以詳之. 通會古法, 以年命爲主, 故云當生年時. 四柱五行, 何莫不然, 喜用忌神所關尤鉅也.

얻은 기운의 얕고 깊음이 드러나는 데에 더디고 빠름에 관계되니, 그 이치는 지극히 오묘하다. 요즘 사람들은 운의 길흉이 맞지 않는 것 때문에 용신에 잘못이 있는지 의심하는데 그것은 실로 잘못이다. 운은 이미 지나갔지만 기운이 아직 지극하지 않은 것이 있고, 또 아직 운이 오지 않았지만 기운이 먼저 오는 경우가 있음으로 그 경계를 확정할 수 없으니, 더욱 유년流年의 반기고 꺼리는 배합을 참작하여 자세히 설명해야 한다. 『삼명통회』의 옛 법은 연명年命을 위주로 하였기 때문에 '연의 때'라고 하였다. 사주의 오행에서 어느 것도 그렇지 않은 것은 없으니, 용신을 반기고 꺼림에 관계된 것은 더욱 그렇다.

```
           41  31  21  11
  辛 壬 辛 戊    丙  乙  甲  癸
  丑 寅 酉 戌    寅  丑  子  亥
```

此造曾載滴天髓補注母慈滅子節. 月時印綬當旺, 寅戌會局, 財星有氣. 然以戊土七煞出干, 見財則黨煞破印, 故不能用財, 爲母慈滅子格. 子旺則母安, 最宜比劫之地. 原命煞透, 印與食傷均吉, 至丙寅運財旺破印, 命盡祿絶. 然在丑運末丙子年, (年三十九未入丙運) 遭覆車之禍殞命. 蓋原命寅戌會局, 財星得氣深, 原有破印之勢, 所謂凶物深藏, 成養虎之患也. 流年丙子, 引起會局之財, 後運又是丙寅, 故迎運便發, 不待交入丙運, 始見災咎也.

이 명조는 『적천수보주』의 「모자멸자母慈滅子」의 절에 실려 있는 것이다. 월과 시의 인수印綬가 왕성한데, 인寅과 술戌이 모인 형국이라 재성에 기운이 있다. 그러나 무토戊土 칠살이 천간에 있어 재를 보면 그것과 무리지어 인성을 파괴하기 때문에 재를 용신으로 할 수 없으니, 어미의 사랑이 자식을 죽이는 격이다. 자식이 왕성하면 어미는 편안하니, 비겁이 있는 곳이 가장 마땅하다. 원국의 명조에 살煞이 천간에 있어 인성과 식상이 모두 길한데, 병인丙寅 대운에 왕성한 재성이 인성을 파괴함에 수명이 다하고 봉록이 끊어진다. 그런데 축丑 대운 말기 병자丙子년에 (나이 39살이 다 지나가면서 병丙 대운이 들어올 때) 차가 뒤집히는 사고로 세상을 떠났다. 대개 원국 명조에서 인寅과 술戌이 모인 형국으로 재성이 깊이 기운을 얻어 원국에 인성을 파괴하는 기세가 있음으로 이른바 흉한 것이 깊이 숨겨진 것이니, 호랑이 새끼를 키우는 우환이 된 것이다. 병자丙子년은 모인 형국의 재를 끌어 일으키고, 뒤의 대운이 또 병인丙寅이기 때문에 운을 맞이하면서 바로 드러났으니, 병운丙運으로 교차되어 들어가기 전에 재앙을 당하기 시작했던 것이다.

				66	56	46	36	26	16
戊	丙	甲	辛	丁	戊	己	庚	辛	壬
戌	申	午	未	亥	子	丑	寅	卯	辰

此造曾載第五編格局高低篇, 爲炎上變格. 午戌拱寅, 見申冲寅中甲丙

戊三神, 齊透天干, 虛神籠罩, 乃炎上格之變也. 木火得氣深, 交入辛運, 氣轉東方, 不必到卯字, 已青雲直上. 炎上忌行北方, 尤忌子水, 子運丙子年, 當推其命盡祿絕, 然竟安渡無恙. 至丁丑年, 交人丁運而得病, 戊寅年正月逝世, 年六十八. 此因金水氣淺, 過運方見也.

이 명조는 제 5편「격국의 높음과 낮음」에 실려 있는 것으로 염상炎上으로 변한 격이다. 오午와 술戌이 인寅을 껴안고 있는데, 드러나 있는 신申이 인寅을 충해 그 속의 무戊 병丙 갑甲 세 신神이 가지런히 천간으로 나옴에 허신虛神을 잡음으로 염상격으로 변한 것이다. 그러니 목木과 화火가 깊이 기운을 얻어 신辛 대운으로 들어가 기운이 동방으로 굴러감에 꼭 묘자卯字에 이를 필요는 없다. 이미 청운에 출세했는데 염상은 북방으로 운이 흘러가는 것을 꺼리고 자수子水를 더욱 꺼린다. 자운子運 병자丙子년에는 그 수명이 다하고 봉록이 끊어진다고 추측해야 하지만 마침내 편안히 건너감으로 병이 없어졌다. 정축丁丑년에는 정丁운에 들어가면서 병을 얻어 무인戊寅년 정월에 세상을 떠남에 68세였다. 이것은 금金과 수水의 기운이 얕기 때문에 운을 넘기면서 드러난 것이다.

珞琭子曰, 生逢休敗之地, 早歲孤貧, 老遇健旺之鄉, 臨年偃蹇. 又曰, 生逢旺歲, 運須處於旺鄉, 晚遇衰年, 運卻宜於困地. 壺中子曰, 老幼愼勿坐强, 壯實惟宜趨旺. 生旺雖吉而未必吉, 衰滅雖凶而未必凶, 達此者方可論運.

　낙록자가 "생하는 것이 휴패휴패를 만나면 젊은 날에 고아가 되고 빈곤하며, 늙어가는 것이 건왕健旺을 만나면 늙은 날에 쓰러진다."라고 하고, 또 "생하는 것이 왕성한 해를 만나면 운이 반드시 왕성한 곳에 있어야 하고, 저물어가는 것이 쇠한 해를 만나면 운이 곤궁한 곳에 있어야 한다."라고 하였다. 아중자가 "늙거나 어린 것은 진실로 강한 곳에 앉지 말고, 장성하고 튼실한 것은 왕성한 곳으로 달려가야 한다. 생하고 왕성한 것은 길하지만 반드시 길한 것은 아니고, 쇠하고 소멸하는 것은 흉하지만 반드시 흉한 것은 아니니, 이것에 통달한 자가 운을 논할 수 있다."라고 하였다.

　凡人自幼至老, 運之旺衰, 須與人生過程相配合, 故幼年行休敗之運不爲凶, 老年行健旺之運不爲吉, 因幼年老年, 非發憤爲雄之時期也. 人生窮通定於命, 幼年庇蔭, 老年享受, 皆於命中定之.

　일반적으로 사람들은 어려서부터 늙을 때까지 운의 왕성함과 쇠함은 반드시 인생의 과정과 서로 배합해야 하기 때문에 어린 날에는 휴패휴패의 운으로 흘러가도 흉하지 않고, 늙은 날에는 건왕健旺의 운으로 흘러가도 길하지 않으니, 젊을 때나 늙었을 때는 발분해서 영웅이 되는 시기가 아니기 때문이다. 삶이 잘되고 못되고는 운명에서 정해졌으니, 어려서 보호받고 늙어서 혜택을 누리는 것은 모두 운명에서 정해진 것이다.

運程助命之不足, 觀其得時不得時, 如是而已. 故云根基如木, 運氣如春. 人之爲松柏爲蒿草, 命中定之, 何時敷榮, 問之於運. 書云, 命中五行衰者, 運宜盛, 五行盛者, 運宜衰. 衰者復行衰運, 是謂不及, 不及則迍蹇沉滯. 盛者復行盛運, 是謂太過. 太過則擊作成敗. 要歸於中和而已.

운의 방향이 명조를 돕는 것이 부족하면 때를 얻었는지 그렇지 못한지를 이처럼 볼 뿐이다. 그러므로 "근기는 목木과 같고 운기는 봄과 같다."라고 했으니, 사람이 송백이 되고 잡초가 되는 것은 명조에서 정해지고, 어느 때에 꽃 피울지는 운에서 묻는 것이다. 책에서 "운명에서 오행이 쇠약한 것은 운에서 왕성해야 되고, 오행이 성대한 것은 운에서 쇠약해야 된다."라고 하였다. 쇠약한 것이 다시 쇠약한 운으로 흘러가면 이것을 '미치지 못한 것[不及]'이라고 하니, 미치지 못한 것은 머뭇거리며 침체된다. 성대한 것이 다시 성대한 운으로 흘러가면 이것을 '너무 지나친 것[太過]'이라고 하니, 너무 지나친 것은 다툼을 일으켜 패배한다. 중화中和로 돌아오는 것이 중요할 뿐이다.

言命中五行者, 指喜用言, 卽上文損用神宜運制, 益用神宜運生是也. 故早年行迍蹇之運, 雖或早歲孤貧, 未可便作凶論. 過於旺相, 身不能任, 反有過旺則折之危. 老年行休敗之鄕, 只要運氣不絕, 自然壽算綿綿. 若行旺地, 不勝其勞, 反有顚沛偃蹇之困. 如一孩造.

명조에서 오행을 말할 경우에 용신을 반기는 것을 가리켜 말하니, 곧 앞의 글에서 용신을 덜어내는 경우는 대운이 제재하게 해야 하고, 용신을 더하는 경우는 대운이 생하게 해야 한다는 것이 이것이다. 그러므로 젊은 날에 머뭇거리는 운으로 흘러가면 혹 젊은 날에 고아가 되고 가난할 수 있을지라도 흉하다고 할 수 없다. 왕상旺相을 지나치고 자신이 감당할 수 없는 것은 도리어 지나치게 왕성한 것에 꺾이는 위험이 있기 때문이다. 노년에 휴패休敗의 운으로 흘러가면, 다만 운기가 끊어지지 않아 저절로 나이가 계속 이어지기를 바랄 뿐이다. 왕성한 곳으로 흘러가 그 노고를 이길 수 없는 것은 도리어 넘어지고 꼬꾸라지는 곤궁함이 있기 때문이다. 이를테면 아래에 있는 어떤 아이의 명조이다.

```
         11    1
丁 庚 乙 庚    丁 丙
丑 寅 酉 午    亥 戌
```

庚金生酉月, 月建陽刃, 寅午會局, 丁火出干, 格成煞印兩停. 書云, 刃旺復行刃地, 晉爵得祿處, 終於樂石之間. 煞旺復行煞地建業立功處, 終於刀劍之下. 行丙戌運, 七煞旺地, 設在中年, 雖非正命, 不可謂非佳運. 無如在幼年, 未滿十齡, 煞刃相戰, 身何能當. 明年己卯, 歲値飛刃冲剋運,元旦爲征太歲, 恐不免血光之災也.

경금庚金이 유酉월에 태어나 월건月建이 양인陽刃이고, 인寅과 오午가 모인 형국에 정화丁火가 천간에 있음으로 살煞과 인刃이 양쪽으로 있는 격이다. 책에서 "인刃이 왕성한데 다시 운이 인刃으로 흘러가면 벼슬로 녹봉을 얻으나 병석에서 세상을 마치고, 살煞이 왕성한데 다시 운이 살煞로 흘러가면 전쟁터에서 세상을 마친다."라고 하였다. 병술丙戌 대운은 칠살七煞이 왕성한 곳이니, 중년이라면 타고난 수명이 아닐지라도 좋은 운이 아니라고 말할 수 없다. 그런데 안타깝게도 어려서 열 살이 되기도 전에 살煞과 인刃이 서로 전쟁을 하니 자신이 어찌 감당할 수 있겠는가? 다음 해 기묘己卯년에 세운에서 비인飛刃이 충冲하고 극剋하는 운을 만나 원국에서 또 태세太歲를 치는 것이 되었으니, 피를 뿌리는 재앙을 벗어나지 못할 것 같다.

```
              58  48  38
丁 戊 癸 癸     丁  戊  己
巳 子 亥 酉     巳  午  未
```

戊土生什月, 寒土無溫, 才旺身弱, 用時上一點祿爲歸祿格, 運行己未戊午, 一發如雷, 致富數百萬. 丁巳南方火土, 同爲佳運. 然至己字, 花甲已過, 老遇健旺之鄕. 書云, 生地相逢, 壯年不祿, 原命已有長生臨官, 更値臨宮之地, 爲生地相逢也. 巳運戊寅年卒. (乃元辰之歲, 見下)

무토戊土가 시월에 태어나 차가운 토에 온기가 없고 재성이 왕성하여 신약하다. 시주에 건록을 용신으로 하니 귀록격이다. 운이 기미己未 무오戊午로 흘러 번개처럼 한 번 피어나 수백만금의 부를 이루었으니, 정사丁巳와 남방의 화火·토土가 함께 좋은 운이 되었던 것이다. 그러나 사민자에 이르면 환갑을 지난 나이에 늙어서 건록과 제왕의 방향을 만난 것이다. 책에서 "생지生地가 서로 만나면 장년에는 봉록이 되지 않는다."라고 하였으니, 원래 명조에 장생과 임관이 이미 있는데 다시 임관의 곳을 만나면 생지가 서로 만난 것이다. 사민운 무인戊寅년에 세상을 떠났다. (바로 원진元辰의 해로 아래에 있음)

珞碌子曰, 年雖逢於冠帶, 尚有餘災, 運初入於衰鄕, 猶披尠福. 冠帶衰鄕, 同是一位, 從長生言爲冠帶, 從臨官方爲衰鄕. 壺中子曰, 將撤不撤, 寧有久否之殃, 欲交不交, 尚有幾殘之禍. 荒言運行衰絶之處, 將入吉慶之地, 必於將離之時, 更有重撓, 運在吉慶之地, 將入衰絶之處, 必於初入之時, 更有重福.

낙록자珞琭子가 "연(年)에서 관대를 만날지라도 여전히 남아 있는 재앙이 있고, 운이 처음으로 쇠향衰鄕으로 들어갈지라도 오히려 어느 정도 복을 받는다"라고 하였다. 관대와 쇠향은 동일하게 하나의 자리이다. 장생에서 말하면 관대이고 임관에서 말하면 쇠향이다. 호중자壺中子가 "거두지 않던 것을 거두려고 하니 오히려 오랫동안 막혀 있던 재앙이 생기고, 사귀지 않던 것을 사귀려고 하니 도리어 거의 죽을 지경인 재앙이 생긴다. 거칠게 말해 쇠지와 절지로 흘러가던 운이 길하고 복된 곳으로 흘러가려고 하면, 반드시 벗어나려고 하는 때에 다시 거듭되는 혼란이 있고, 운이 길하고 복된 곳에서 쇠지와 절지로 들어가려고 하면, 반드시 처음 들어설 때에 다시 거듭되는 복이 있다는 것이다."라고 하였다.

運以方爲重氣之轉移, 逐漸而來, 轉接之地, 乃五行冠帶位. 辰爲火之冠帶位, 未爲金之冠帶位, 戌爲水之冠帶位, 丑爲木之冠帶位, 卽孤 辰隔角也. 運雖已轉, 猶有前運之餘災眇福, 餘氣未盡也.

운이 방향으로 거듭되는 기운을 삼아 구르고 굴러 마침내 점차적으로 와서 만나는 곳이 바로 오행에서 관대의 자리이다. 진辰은 화火에서 관대의 자리이고, 미未는 금金에서 관대의 자리이며, 술戌은 수水에서 관대의 자리이고, 축丑은 목木에서 관대의 자리이니, 곧 고진孤辰과 격각隔角이다. 운이 이미 흘러갔을지라도 여전히 앞의 운에서 남아있던 재앙과 복이 있으니, 남은 기운이 아직 다하지 않았기 때문이다.

如上文辛未一造, 炎上格, 運程只宜東南, 至寅而盛極, 官階升進, 至此而止. 交入己丑, 爲初入衰鄕, 然承上運餘氣, 猶有眇福, 依然安富尊榮.

又如上乙未造, 初行西方艱困, 交入癸未, 初入旺鄕. 然癸未什年, 猶有餘災, 未可便以吉論, 正如久雨初晴, 道路猶泥也. 須俟交進壬午, 方爲眞吉.

이를테면 앞에 있는 신미辛未 명조는 염상격으로 운의 방향이 오직 동남이어야 하는데, 인寅에서 다해 벼슬의 승진이 여기에서 멈추었다. 기축己丑으로 들어감에 처음으로 쇠향으로 들어갔는데도 아직 남아있는 앞의 운과 연결되어 여전히 편안히 부귀영화를 누렸다. 또 이를테면 앞에 있는 을미乙未 명조는 처음에 서방으로 흘러 어렵고 힘들었는데, 계미癸未로 접어듦에 처음으로 왕성한 방향으로 들어섰으나 계미癸未 십년동안 여전히 남은 재앙이 있어 곧 길한 것으로 말할 수 없으니, 바로 오랜 장마에 처음으로 맑아도 길은 여전히 축축한 것과 같다. 임오壬午년으로 들어서기를 기다려야 곧 정말로 길한 운이 된다.

珞碌子曰, 陰男陽女, 時觀出入之年, 陰女陽男, 更看元辰之歲.

낙록자가 "음남陰男과 양녀陽女는 시時에서 출입하는 연年을 보고, 음녀陰女와 양남陽男은 다시 원진元辰의 해를 본다."라고 하였다.

出入之年者, 出運入運之年也. 元辰者, 陽男陰女, 以對冲前一位爲 元辰, 陰男陽女, 以對冲後一位爲元辰, 年命對冲前後一位. 上文言大 運轉移之際, 猶有餘災剗福, 此言吉凶之變, 每見之於出運入運之年, 及天剋地冲上下一二年之間.

출입하는 연(年)은 운에서 나가 운으로 들어가는 연(年)이다. 원진元辰은 양남과 음녀일 때 충冲과 마주한 바로 앞의 자리가 그것이고, 음남과 양녀일 때 충과 마주한 바로 뒤의 자리가 그것이니, 연명年命의 충冲과 마주한 바로 앞과 뒤의 자리이다. 위에서는 대운이 지나갈 때 여전히 남아 있는 재앙과 복이 있다고 한 것이고, 여기에서는 길함과 흉함의 변화는 매번 운을 벗어나 들어가는 해와 천간이 극하고 지지가 충冲하는 상하의 십이 년을 본다고 한 것이다.

如上辛未造炎上格, 災禍不見之於子運丙子年, 運過方發也. 丁丑年夏出子運入丁運, 爲出入之年. 丁丑與當生太歲辛未對冲, 丁丑年得病, 戊寅年病歿, 是不見之於出入對冲之年, 而見之於元辰之歲也.

이를테면 위에서의 염상격 신미辛未 명조는 재앙이 자子 대운 병자丙子년에 드러나지 않고 운이 지나고 드러났으니, 정축년 여름에 자子운에서 벗어나 정丁운으로 들어가는 것이 벗어나 들어가는 해이다. 정축丁丑년은 태어난 해 신미辛未와 충冲으로 마주하고 있음으로 그 해에 병을 얻어 무인戊寅년에 세상을 떠났으니, 벗어나 들어가며 충冲과 마주한 해에 드러나지 않고 원진의 해에 드러난 것이다.

又如上癸酉造, 卒於巳運戊寅年, 己卯年天剋地冲, 前一位戊寅元辰之歲也. 嘻我人其可以推究未精, 而疑命運之無驗哉. (陰男陽女, 不必拘定, 大致吉凶之變, 以兩運出入之際爲多.)

또 이를테면 위에서의 계유癸酉 명조가 사巳운 무인戊寅년에 세상을 떠난 것은 기묘己卯년이 천간에서 극하고 지지에서 충하는 것인데 바로 앞의 무인戊寅이 원진의 해이기 때문이다. 그러니 아! 우리들이 어찌 미루어 밝힌 것이 아직 정교하지 않아 운명에서 증험할 수 없다고 할 수 있겠는가? (음남 양녀로 굳이 한정할 필요가 없으니, 길함과 흉함을 크게 이루는 변화는 두 운이 떠나고 들어오는 때에 많다.)

凡大運行有益處爲吉泰之運, 亦不能常爲福, 須候太歲行年生旺和合, 方可爲福. 若大運至吉地, 却遇太歲小運到刑害之鄕, 亦主細果浮災, 但不爲重害也. 若大運行蹇迍凶禍之地, 逐年太歲又見刑冲, 小運不和, 冲繫死絕, 方主發禍, 若小運與太歲到生旺祿馬貴人一切吉神, 其年却有小慶, 過去則否.

대운이 흘러감에 보태주는 것이 길하고 편안한 운이 있으나 또한 언제나 복으로 여길 수는 없고, 태세太歲가 연년으로 흘러감이 생지와 왕지로 화합하는 때를 반드시 기다려야 복이 될 수 있다. 대운에서 길한데 태세太歲와 소운小運에서 형刑이나 해害를 당한다면 또한 주로 갑작스런 재앙이 미세하게 쌓이니 크게 해롭지는 않다. 대운이 나쁘고 흉측하게 흐르는데 마침내 연년과 태세에서 또 형刑이나 해害를 당해 소운이 화합하지 못하고 충沖이나 격擊을 당해 죽고 끊어지면 재앙이 일어나고, 소운小運과 태세太歲가 생지 왕지 록마 귀인을 만나 모두 길한 신神이면 그런 해에 다소 경사가 있으나 지나가면 막힌다.

行年, 小運也, 逐年流轉, 與太歲同. 古人論命, 以大運小運流年三者, 參合論休咎, 推算小運不限於童年. (詳第二編) 今人專論大運流年, 合之於命, 已可見其大槪. 小運置之不論, 然運與歲必須合參.

해를 흘러가는 것이 소운小運으로 해를 따라 흘러가니, 태세太歲와 같다. 옛 사람들이 명조를 논함에 대운大運 소운小運 유년流年 세 가지를 종합적으로 참고하여 길함과 흉함을 논했고, 소운에 대한 추산을 어린 나이로 제한하지 않았다. (2편에서 자세히 설명함) 요즘 사람들이 대운과 유년이 명조에 합하는 것만을 논하는 것에 대해서는 이미 그 대략을 알 수 있다. 소운은 놔두고 논하지 않으나 운運과 세歲는 반드시 합해서 참고해야 한다.

譬如運行乙字木運也, 太歲逢庚, 乙從庚化而木氣微, 運行巳字火運也, 太歲逢酉, 巳從酉合而金氣重. (見下配合干支) 諸如此類, 非參合運歲, 何從論休咎乎. 原文甚明, 不贅.

비유하자면, 운이 을乙로 목木운으로 흐르는데 태세太歲에서 경庚을 만나면 을乙이 경庚을 따라 변화해서 목기木氣가 미미해지고, 운이 사巳로 화火운으로 태세에서 유酉를 만나면 사巳가 유酉를 따라 합해서 금기金氣가 강해지는 것과 같다. (아래에서 간지의 배합을 참고할 것) 모든 것이 이런데 대운과 세운을 종합적으로 참고하지 않는다면 어떻게 길함과 흉함을 논하겠는가? 원문에 아주 자세하니 덧붙이지 않겠다.

燭神經曰, 凡推命之禍福, 須先度量其基地厚簿, 然後定災福. 如命有十分福氣, 行三四分惡運都不覺凶, 福力厚故也. 若五六分惡運, 只細累浮災而已. 至七八分惡運, 方有重災, 如命有五分福氣, 行三四分惡運, 爲甚凶, 若四五分惡運, 則死. 基地不牢故也.

『촉신경燭神經』에서 "명조의 화와 복을 미룸에 근본의 후함과 박함을 헤아린 다음에 그것들을 정한다."라고 하였다. 이를테면 명조에서 십 분의 복이 있는데 삼사 분의 악운惡運으로 흘러가서는 흉함을 알 수 없으니 복의 힘이 크기 때문이다. 오륙 분의 악운으로 흘러가면 갑작스런 재앙이 작게 쌓일 뿐이고, 칠팔 분의 악운이면 큰 재앙을 당한다. 명조에 오 분의 복이 있는데 삼사 분의 악운으로 흘러가면 아주 흉하고 사오 분의 악운이면 죽으니, 근본이 견고하지 못하기 때문이다.

命理以原命四柱爲根基, 原命格眞局正, 雖運不得地, 不因小小不順 而起動搖. 如秋冬松柏, 雖少生發之氣, 不因歲寒而黃落也. 原命格局不眞, 忌神暗伏, 只須運歲略見拂逆, 卽動搖不寧, 重則死亡, 正如蒿萊之草, 秋風初起, 卽枯萎矣. 此命造所以以純粹爲貴也.

명리는 원래 명조의 사주를 근본으로 삼으니, 그것의 격국이 참되고 바르면 운이 제대로 흘러가지 않을지라도 소소하게 순조롭지 않은 것으로 말미암아 동요하지 않는다. 이를테면 가을과 겨울의 송백은 살려고 일으키는 기운이 작을지라도 겨울 때문에 그 잎이 누렇게 변해 떨어지지는 않는다. 원래 명조의 격국이 참되지 않으면 기신忌神이 암암리에 숨어 있어 단지 반드시 운運과 세歲에서 좀 거스르면, 바로 동요하여 편하지 않고 심하면 죽으니, 잡초가 가을 바람에 바로 말라버리는 것과 같다. 이것이 명조에서 순수한 것을 귀하게 여기는 이유이다.

```
              55 45 35 25
甲 癸 丙 壬    壬 辛 庚 己
寅 巳 午 午    子 亥 戌 酉
```

癸水生午月, 支會寅午火局, 癸合巳宮戊土, 壬合午宮丁火, 從才格極眞. 雖行西方運, 滋生癸水, 不足以動搖其地位, 依然安富尊榮. 戌運會齊火局, 頗見活動氣象. 直至亥運壬水得祿, 方見災咎, 則以原命格局 純粹故也.

계수癸水가 오午월에 태어났고 지지에 인寅과 오午가 모인 형국인데, 계癸가 사巳궁의 무토戊土와 합하고, 壬水가 오午궁의 정화丁火와 합해 종재격從才格이 아주 참되다. 운이 서방으로 흘러 계수癸水를 낳을지라도 그 지위를 흔들기에는 부족하니 의연히 편안하게 부귀영화를 누렸다. 술戌운에 모여서 화火의 형국이 되니 활동하는 기운을 자못 드러냈다. 그런데 바로 해亥운에 임수壬水가 건록지를 얻음에 재앙이 바로 드러나니, 원래 명조의 격국이 순수하기 때문이다.

56 46 36

甲 乙 癸 己	丁 戊 己
申 丑 酉 巳	卯 辰 巳

乙木生酉月, 支見巳酉丑會局, 乃從煞格也. 無如癸水出干, 化煞生木, 雖己土貼身剋癸, 甲木在時, 不能制己土, 究嫌從煞不眞. 己運破印吉, 巳運南方火旺, 逆金之氣, 商業失敗, 几乎破產. 猶幸巳申相合有情, 巳見酉丑, 金氣暗旺, 敗中有救, 得良友之助, 重振其鼓, 戊辰什年, 致富數十萬, 交入丁運而歿. 此因格局不純, 易於動搖故也. 右兩造均曾載滴天髓補注從格.

을목乙木이 유酉월에 태어났고 지지에 사유축巳酉丑이 모인 형국이니 바로 종살격從煞格이다. 안타깝게도 계수癸水가 천간에 있으면

서 살煞을 변화시켜 수水를 낳음에 기토己土가 자신에게 붙어 계수癸
水를 극할지라도 갑목甲木이 시주에 있어 그것을 극할 수 없으니, 종
살격이 참되지 않은 것 같다. 기己운에 인성을 파괴하여 길한데, 남
방 사巳운에 왕성한 화火가 금金의 기운을 거슬러 상업이 실패함으
로 거의 파산하였다. 그런데 여전히 다행스럽게도 사巳와 신申이 서
로 합해 유정하고 사巳가 유酉·축丑을 만나 금기가 암암리에 왕성해
져 실패한 가운데 구원이 있음으로 좋은 친구의 도움을 받아 거듭 성
공하였고, 무진戊辰 십년에 수십만 금을 모았으며 정丁운에 들어서면
서 세상을 떠났다. 이것은 격국이 순수하지 않아 쉽게 동요하기 때문
이다. 앞의 두 명조는 모두 『적천수보주』에 실린 것으로 종격이다.

若大運會歷過本命長生處者, 謂之氣盛之運, 雖運歲來冲剋, 爲禍不重,
運氣强故也. 未經長生而歲運刑冲剋破, 則便爲災, 蓋氣未備, 運弱故也.
若會過旺相而逢死絶, 如命不吉, 爲災亦輕, 陰陽五行代謝之順道也. 縱
死於此, 亦必令疾而終. 若方經長生, 歷於敗地, 其中有刑剋惡煞與命相符
而見者, 則五行之氣反戰, 故有凶惡而終.

대운이 본래 명조의 장생長生을 지나는 것을 기운이 성대한 운이
라고 하고, 운세運歲에서 충冲하고 극剋할지라도 재앙이 크지 않은
것은 운의 기운이 강하기 때문이다. 장생長生을 지나가지 않는데 세
운에서 형刑·충冲·극剋·파破하면 바로 재앙이 되니, 기운이 구비되지

않고 운이 약하기 때문이다. 왕상旺相을 지나가는데 사절사절을 만났다면, 이를테면 명조가 길하지 않은 것은 재앙이 또한 가벼우니, 음양오행이 교대하는 순조로운 도이기 때문이다. 여기에서 죽게 되는 것은 또한 반드시 병을 앓다가 끝나는 것이다. 장생지를 막 지나 패지敗地를 지나면서 그것에 형형하고 극극하는 악살惡煞이 있어 명조와 부합하여 드러날 경우는 오행의 기운이 반대로 전쟁을 하기 때문에 흉악하게 끝난다.

此言刑冲剋害, 因所歷運旺運衰而爲災有不同也. 過長生歷沐浴冠帶位, 而向臨官帝旺爲旺運. 過臨官帝旺而歷衰病死絶位, 爲衰運. 在旺 運中, 普通輕微冲剋不足爲禍. 若見刑冲惡煞, 傷剋用神, 或致凶惡而死, 因運之 氣强, 突遇五行反戰冲激, 故爲禍亦鉅. 若衰運中, 輕微冲剋, 卽便爲災. 然見刑冲惡煞, 傷剋用神, 至重亦不過老死牖下, 不致惡死. 蓋以氣運本衰, 衰死病死, 人事代謝之常經, 無大災咎也. (本命卽年命納音, 今宜以日主用神參酌活看.)

여기에서는 형형·충冲·극극·해해가 지나는 운이 왕왕한지 쇠쇠한지에 따라 재앙이 같지 않음을 말하였다. 장생長生을 지나 목욕沐浴 관대冠帶의 자리를 거쳐 임관臨官 제왕帝旺을 향하는 것이 왕왕운이고, 임관臨官 제왕帝旺을 지나 쇠쇠 병병 사사 절절의 자리를 거쳐 가는 것이 쇠운衰運이다. 왕왕운에서 보통 경미하게 충극해서는 그다지 재앙이 되지 않으나 형刑과 충冲의 악살惡煞을 당해 용신을 상극상극傷剋한다면 혹 흉악한 일을 당해 죽을 수 있으니, 운의 기운이 강한 것이 부딪히며 오행을 만나 도리어 전쟁처럼 충격冲激하기 때문에 재앙도 큰 것이다. 쇠衰운에서 경미하게 충극冲剋하면 바로 재앙이 되지만 형刑과 충冲의 악살惡煞을 만나 용신을 상극상극傷剋하면 지극히 큰 것도 창문 아래에서 늙어 죽는 것에 지나지 않으니 험악하게 죽지는 않는다. 기운이 본래 쇠하여 쇠衰 노老 병病 사死하는 것은 사람의 일이 교대하는 일정한 법칙이어서 크게 재앙이 될 것이 없기 때문이다. (본래 명조 곧 연명年命의 납음은 이제 일주의 용신을 참작하여 활용해야 한다.)

凡行運長生, 主有創建作新之事, 到臨宮帝旺, 主興盛快樂發福進財生子骨肉之慶. 到衰病之鄕, 多退敗破財疾病等事, 到死絕鄕, 主骨肉死喪, 自身衰禍鈍悶, 百事蹇塞. 到敗運(沐浴), 主落魄懶惰酒色昏迷. 到胎庫成形(養) 冠帶之鄕, 百事得中, 安康平易. 凡行運至夾貴華蓋, 貴人六合上, 及乘生旺氣者, 皆主善慶.

운이 장생長生으로 흘러가면 주로 창건하고 새로운 것을 만드는 일이 있고, 임관臨官 제왕帝旺으로 흘러가면 주로 흥성하여 즐겁고 발복하여 재물이 늘며 자식이나 골육을 얻는 경사가 있다. 쇠衰 병病으로 흘러가면 대부분 일이 안되어 파산하고 병에 걸리는 등의 일이 생기고, 사死 절絕로 흘러가면 주로 골육이 죽거나 자신이 쇠함으로 재앙을 당하고 어리석게 되어 모든 일에 막힌다. 패敗 곧 목욕沐浴으로 흘러가면 주로 넋이 빠져 게으르게 되고 주색으로 혼미하게 된다. 태胎 고庫가 형태를 갖추며(양養) 관대冠帶로 흘러가면 모든 일이 중심을 얻어 평안하고 쉽다. 운의 흐름이 귀인貴人 화개華蓋 육합六合을 끼고 귀인과 화개의 위에서 생왕生旺의 기운을 탄 것은 모두 선행과 다복을 주로 한다.

仍須察當生根基, 十分則應五分, 生時五分則應十分, 福與災同. 凡行運至臨宮帝旺上, 太歲持之, 官吏主薦章改秩之喜, 官印食神亦然. 馬旺貴人之地, 必入參侍之列, 蓋貴爲君道, 馬主運動故也.

이어 반드시 태어난 근기를 살펴야 하니, 십 분이면 오 분을 받고, 태어난 때가 오 분이면 십 분을 받는 것은 복과 재앙이 같은 것이다. 흘러가는 운이 임관臨官 제왕帝旺이고 태세太歲가 그것을 지키면, 관리는 추천을 받아 녹봉이 더해지는 기쁨을 주로 하는데, 관인官印과 식신食神에서도 그렇다. 마왕馬旺과 귀인貴人의 곳에서는 반드시 나란히 모시는 대열에 들어서니, 귀貴는 임금의 도道이고 마馬는 옮기고 움직이는 것을 주로 하기 때문이다.

此言大運吉凶徵驗. 李虛中命書云, "四柱者, 胎月日時, 胎主父母祖宗
者十分, 主事者二分, 月主時氣者十分, (四時休旺之氣) 主事者六分, 日
主時氣者十分, 主事者八分, 時主用度進退向背力氣勝負皆十分, 吉與凶
同."可見本身之事, 時之關系爲最重. 見之於運, 應於年月者, 十分中僅
有五分, 應於生時者, 雖僅五分, 應有十分也.

여기에서는 대운에서 길하고 흉한 징험을 말하였다. 이허중 명서
에서"사주는 태태胎 월月 일日 시시時이다. 태태에서 부모와 조상을 주
로 하는 것이 십 분이면 일[事]을 주로 하는 것이 이 분이고, 월月에
서 시기時氣(사시 휴왕休旺의 기운)를 주로 하는 것이 십 분이면 일
을 주로 하는 것이 육 분이며, 일日에서 시기時氣를 주로 하는 것이
십 분이면 일을 주로 하는 것이 팔 분이고, 시時에서 용도 진퇴 향배
기력 승패를 주로 하는 것은 모두 십 분이다. 길함과 흉함은 같다"라
고 하였다. 그러니 본신本身의 일은 시時의 관계가 가장 중요하다는
것을 알 수 있다. 운에서 보면 연과 월에 응하는 것은 십 분 중에서
겨우 오 분이고, 생시에 응하는 것은 겨우 오 분일지라도 응하는 것
은 십 분이다.

凡四柱干支陽多人, 行運乘陰氣而發, 干支陰多人, 乘陽氣而發, 二者
陰陽均協. 然陰人陽發者快, 陽人陰發者遲.

사주의 간지에서 양陽이 많은 사람은 운의 흐름에서 음기陰氣를

타고 발發하고, 간지에서 음陰이 많은 사람은 양기陽氣를 타고 발하니, 두 가지는 음陰과 양陽이 고르게 화합하기 때문이다. 그러나 음이 많은 사람이 양에서 발하는 것은 빠르고, 양이 많은 사람이 음에서 발하는 것은 늦다.

東南木火爲陽, 西北金水爲陰. 四柱木火多, 原有一點金水而輕, 運行西北金水之地而發. 四柱金水多, 原有一點木火而輕, 東南木火之地而發. 四柱原有者福重, 原無者福不足. (不適用於從强從旺格) 有以子丑寅卯辰巳爲陽, 午未申酉戌亥爲陰者, 亦有以子寅辰午申戌爲陽, 丑卯巳未酉亥爲陰者, 宜會其意, 不必拘執. 滴天髓云, 陽支動且强, 速達顯災殃, 陰支靜且專, 否泰每經年, 遲速之分, 卽此意也.

동남東南의 목화木火가 양陽이고 서북西北의 금수金水가 陰이다. 목화가 많은 사주에 원국에서 한 점 금수가 있어 가벼우면 운이 서북 금수의 곳으로 흘러가면 발한다. 금수가 많은 사주에서 원국에 한 점 목화가 있어 가벼우면 운이 동남 목화의 곳으로 흘러가면 발한다. 사주에 원래 있는 것은 복이 무겁고 원래 없는 것은 복이 부족하다. (종강격이나 종왕격에는 적용되지 않는다.) 자子 축丑 인寅 묘卯 진辰 사巳를 양陽으로, 오午 미未 신申 유酉 술戌 해亥를 음陰으로 여기는 것도 있고, 자子 인寅 진辰 오午 신申 술戌을 양陽으로, 축丑 묘卯 사巳 미未 유酉 해亥를 음陰으로 여기는 것도 있으니, 그 의미를 이

해해야 하는 것이지 구애될 필요는 없다. 『적천수』에서 "양지陽支는 움직이는데다가 강하여 재앙을 빠르게 드러내고, 음지陰支는 고요한 데다가 전일하여 성쇠[否泰]를 매번 해를 넘긴다."라고 하였으니, 더디고 빠르다는 구분은 바로 이런 의미이다.

2) 태세[太歲]

太歲有二, (一)當生太歲, 卽當生之年又稱年命, 如戊寅年生者, 卽以戊寅爲當生太歲也. (二)遊行太歲, 卽所値之年, 逐年流轉, 今人名爲流年. 今所論者, 爲遊行太歲與大運合參以論休咎.

태세는 둘이 있으니, 하나는 태어난 태세 곧 태어난 해로 또 연명年命이라고 한다. 이를테면 무인戊寅년생이라는 것으로 곧 무인을 태어난 태세로 여기는 것이다. 또 하나는 흘러가는 태세 곧 만나는 해로 해를 따라 흘러가는 것이니, 요즘 사람들은 유년이라고 이름 붙인다. 이제 말할 것은 흘러가는 태세를 위해 대운과 함께 참고하여 길함과 흉함을 논하는 것이다.

繼善篇曰, 太歲乃衆煞之主, 入命未必爲凶. 如逢戰鬥之鄕, 必主刑於本命.

「계선편」에서 말하였다. 태세야말로 모든 살煞의 주인인데, 명조에 들어와서 꼭 흉하게 되는 것은 아니다. 이를테면 싸우는 곳을 만나면 반드시 본래의 명조에서 형을 위주로 한다.

太歲爲一年之主宰, 一切神煞, 皆從太歲起, 故以爲神煞之主. 入命者, 四柱年月日時干支相同或相合也. 相同, 名轉趾煞, 相合, 名晦氣煞. (詳下)
　태세는 한 해의 주재로 일체의 신살이 모두 태세를 따라 일어나기 때문에 신살의 주인이다. 그러니 명조에 들어올 경우에는 사주의 연월일시의 간지와 서로 같게 되거나 서로 합한다. 서로 같게 되는 것은 전지살轉趾煞로 이름붙이고, 서로 합하는 것은 회기살晦氣煞로 이름 붙인다. (아래에서 자세히 설명하겠음)

須看是否相和, 爲助爲忌, 故云未必定爲凶也. 戰鬪者, 冲剋也, 天干爲剋, 地支爲冲. 不論彼冲我冲, 彼剋我剋, 皆主有晦, 重者刑傷本命. (詳下)
　서로 화합하여 돕게 되는지 꺼리게 되는지 반드시 살펴야 하기 때문에 "꼭 흉하게 되는 것은 아니다."라고 했던 것이다. 싸우는 것은 충하고 극하는 것으로 천간에서는 극이고 지지에서는 충이다. 저것이 충하고 내가 충하며 저것이 극하고 내가 극하는 것을 말할 필요 없이 모두 명주에게 어두움이 있고, 무거울 경우에는 본래의 명조를 형刑하여 상傷하게 한다. (아래에서 자세히 설명하겠음)

歲傷日干, 有禍必輕. 日犯歲君, 災殃必重.

세歲가 일간을 상하게 하면 재앙이 반드시 가벼우나 일간이 세군 歲君을 범하면 재앙이 반드시 무겁다.

歲傷日干者, 如庚年剋甲日爲偏官, 雖有災晦, 不爲大害, 其情尙未盡絶也. 日犯歲君者, 如甲日剋戊年爲偏才, 其凶決不能免. 蓋太歲主一年之禍福, 其尊如君, 稱爲歲君, 以臣犯君, 爲殃必重也.

세歲가 일간을 상하게 할 경우, 이를테면 경庚년에 일간 갑甲을 극해 편관이 되면 재앙의 어두움이 있으나 크게 해롭지 않으니, 그 정이 아직 다 끊어지지 않았기 때문이다. 일간이 세군歲君을 범할 경우, 이를테면 갑甲 일간이 편재인 무戊년을 극하면 그 흉함을 결코 면할 수 없다. 태세는 일년의 재앙과 복을 주관함으로 그 존엄함이 임금과 같아 세군이라고 부르니, 신하가 임금을 범하면 재앙이 반드시 무거운 것이다.

五行有救, 其年反必爲財, 四柱無情, 故論名爲剋歲.

오행에 구원함이 있으면 그 해는 도리어 반드시 재財가 되지만 사주에 정이 없으면 본래 극하는 세歲라고 말한다.

如甲日剋戊年, 四柱原有庚申金, 或行金運, 甲木被制, 不能剋戊土爲有救. 書曰, 戊己愁逢甲乙, 干頭須要庚辛是也. 如四柱或大運中而一癸字, 與戊相合爲有情. 書云, 壬以癸妹配戊, 凶爲吉兆是也. 若二字俱全, 其年反凶爲吉, 有一字者凶半之, 二字俱無, 凶莫能解. 四柱有丙丁出干, 或運行丙丁, 化甲木生戊土, 亦爲有情.

이를테면 일간 갑甲이 무戊년을 극하는데, 사주 원국에 경신금庚申金이 있거나 혹 금金운으로 흘러가면 갑목甲木이 제압을 당해 무토戊土를 극할 수 없어 구원함이 되니, 책에서 "무戊와 기己는 갑甲과 을乙을 만나는 것이 근심스러워 머리에 경庚과 신辛을 필요로 한다."라고 한 것이 여기에 해당한다. 이를테면 사주나 혹 대운에 하나의 계癸자가 있으면 무戊와 서로 합해 유정有情하니, 책에서 "임壬이 계癸 누이로 戊에게 짝을 지움으로 흉함이 길함이 된다."라고 한 것이 여기에 해당한다. 만약 두 글자가 모두 온전하면 그 해에 도리어 흉함이 길함이 되고, 한 글자가 있으면 흉함이 절반 정도로 되며, 두 글자가 모두 없으면 흉함을 풀 수 없다. 사주에 병丙과 정丁이 천간에 있거나 혹 운이 병丙과 정丁으로 흘러가면 갑목甲木을 변화시켜 무토戊土를 생해주니 또한 유정한 것이다.

眞太歲. 經云, 生時相逢眞太歲. 假如甲子年生人, 又見甲子年謂之眞太歲, 又名轉趾煞. 要大運日生與太歲相和相順, 其年則吉, 若値刑冲破害, 與太歲互相戰剋則凶.

진태세眞太歲에 대해. 경에서 "태어난 때가 서로 만나는 것이 진태세이다."라고 하였다. 가령 이를테면 갑자甲子년에 태어난 사람이 또 갑자甲子년을 보는 것을 진태세라고 하고, 또 전지살轉趾煞이라고도 부른다. 대운을 맞아 일주日主와 태세가 서로 화합하고 서로 순조로 우면 그 해에는 길하고, 형刑·충冲·파破·해害를 만나 태세와 서로 전쟁으로 극하면 흉하다.

此言流年與當生太歲干支相同也. 六十年花甲重周, 故名轉趾煞. 看 命口訣云, 四柱中日時干支, 與流年干支同, 亦名轉趾煞. 是則因眞太歲 而廣其義也. 又太歲干支與日時干支合者, (五合六合) 名晦氣煞相合則晦, 故見晦塞, 要亦須看和順戰剋而論休咎.

여기에서는 유년流年과 태어난 태세의 간지가 서로 같음을 말하였다. 육십년의 화갑이 겹쳐지며 돌아가는 것이기 때문에 전지살轉趾煞이라고 이름 붙였다. 간명구결에 "사주에서 일시日時의 간지가 유년의 간지와 같은 것도 전지살轉趾煞이라고 이름 붙인다."라고 하였으니, 진태세를 근거로 그 의미를 넓힌 것이다. 또 태세의 간지가 일시의 간지와 (오합과 육합으로) 합할 경우도 이름 붙이는데, 어두운 기운의 살이 서로 합하면 어둡기 때문에 어두워 막힘을 당하니, 맞이하는 것이 또한 반드시 화합하여 순조로운지 전쟁하여 극하는지를 보고 복과 재앙을 말한다.

征太歲. 如癸巳日逢丁亥流年, 日干支冲剋太歲, 日征. 運干支傷 冲太歲亦曰征. 太歲干支冲日干支亦曰征. 其年則凶災禍未免.

정태세征太歲에 대해. 계사癸巳 일간이 정해丁亥 유년을 만났을 때 일간의 간지가 태세를 충하고 극하는 것을 정징이라고 한다. 운의 간지가 태세를 해치고 충하는 것도 정징이라고 한다. 태세의 간지가 일주의 간지를 충하는 것도 정징이고 하니 그 해에는 흉함과 재앙을 면하지 못한다.

上文日犯歲君與歲君犯日, 專指天干言. 而征太歲則干支並論, 天剋地冲也. 不僅日主大運, 凡四柱年月時之干支, 冲剋太歲, 皆以征論. 如上文辛未一造, 病起丁丑年, 卽太歲冲當生年干支, 故見災晦. 然亦須看有無解救也.

앞의 글에서 일日이 세군歲君을 범하는 것과 세군이 일을 범하는 것을 단지 천간만 가리켜서 말하였으나, 정태세征太歲에서는 간지를 함께 말하였으니 천극지충天剋地冲이다. 일주와 대운뿐만 아니라 사주 연 월 시의 간지가 태세를 충하고 극하는 것은 모두 정징으로 말한다. 이를테면 앞에서 신미辛未라는 어떤 명조가 정축丁丑년에 병든 것은 곧 태세가 태어난 해의 간지를 충했기 때문에 재앙의 어두움을 당한 것이다. 그러나 또한 풀어서 구해주는 것이 있는지 없는지를 봐야 한다.

歲運倂臨. 如甲子運又値甲子流年, 名歲運並臨, 獨陽刃七煞爲凶. 財官印綬亦吉, 經云, 歲運並臨, 災殃立至, 此指陽刃言也.

세운병림歲運倂臨에 대해. 이를테면 갑자甲子 운에 또 갑자甲子 유년을 만나는 것을 세운병림歲運倂臨이라고 이름 붙이는데, 오직 양인陽刃과 칠살七煞은 흉하나 재財 관官 인수印綬는 또한 길하다. 경에서 "태세와 대운에서 함께 오면 재앙이 바로 이른다."라고 한 것은 양인陽刃을 가리켜 말한 것이다.

書云, 劫才陽刃切忌時逢, 歲運並臨, 災殃立至. 蓋陽刃看法有三, (一) 劫才陽刃, 以財爲用者, 見比劫則分奪, 刃較劫尤旺, 分奪之力更巨. (二) 護祿陽刃. 如甲木以寅爲祿, 見申冲, 得卯爲刃. 卯宮乙木合申宮庚金, 則申不冲祿, 卽甲以乙妹妻庚, 凶爲吉兆之意也. (三) 背祿陽刃, 卽傷官. 以官爲祿, 傷官與官祿相背也. 歲運並臨, 災殃立至, 專指劫才陽刃而言. 原命用才而才輕見劫, 運行刃地, 更見太歲並臨, 未有不災殃立至者, 破財傷妻所不能免.

책에서 "겁재劫才와 양인陽刃은 시時에서 만나는 것을 아주 꺼리니, 태세와 대운에서 함께 오면 재앙이 바로 이른다."라고 하였다. 양인을 보는 법은 세 가지가 있다. (1) 재財를 겁탈하는 양인陽刃. 재財를 용신으로 한 경우에는 비겁을 보면 빼앗긴다. 인刃은 겁劫보다 더욱 왕성하여 빼앗는 힘이 더욱 크다. (2) 녹祿을 보호하는 양인陽

刃. 이를테면 갑목甲木이 인寅에서 녹綠인데, 신申의 충冲을 당함에 묘를 얻어 인刃으로 한다. 묘卯궁의 을목乙木이 신申궁의 경금庚金과 합을 하면 신申이 녹綠을 충하지 않으니, 곧 갑甲이 을乙 누이를 경庚에게 시집보내 흉함이 길조吉兆로 바뀐다는 의미이다. (3) 녹綠을 등지는 양인陽刃으로 곧 상관傷官이다. 관으로 녹綠을 삼으면, 상관傷官과 관官의 녹綠이 서로 등지는 것이다. 태세와 대운에서 함께 오면 재앙이 바로 닥친다는 것은 겁재劫才 양인陽刃을 가리켜 말한 것이다. 원래 원조에서 재才가 용신인데 그것이 가볍고 겁劫이 있을 경우에 운이 인刃으로 흐르고 다시 태세까지 겹쳐서 오면 재앙이 바로 닥치지 않는 경우가 없으니, 재산이 날아가고 처가 다치는 것을 면하지 못한다.

如一造, 癸酉, 癸亥, 戊子, 丁巳, 身弱財旺, 用祿運行戊午, 又値戊午流年, 錦上添花增其美. 此護祿陽刃也.

이를테면 어떤 명조가 계유癸酉 계해癸亥 무자戊子 정사丁巳라면, 신약재왕身弱財旺으로 운이 무오戊午로 흘러가고 또 무오戊午 유년을 만나니 금상첨화로 그 아름다움을 더욱 더했으니, 이것은 녹綠을 보호하는 양인이다.

日年相併. 如甲子日見甲子太歲, 謂之日年相併. 君子得之, 名君臣慶會,其年利奏對, 有面君之喜, 士人得之, 有登進薦擧之榮. 又要與歲君帝座和協, 方爲奇特. 若是常格, 小人遇之, 最爲不善, 若生時相和, 爲災稍輕. 經云, 太歲當頭立, 諸神不敢當, 若無官事擾, 定主見重喪, 此之謂也. 更加勾絞元亡咸池孤害宅墓病死官符喪弔白虎陽刃暴敗天厄諸凶煞並臨, 禍患非輕, 甚者死.

일년상병日年相併에 대해. 이를테면 갑자甲子일에 갑자甲子태세를 보는 것을 일년상병日年相併이라고 한다. 군자가 그것을 얻으면 임금과 신하가 경사스럽게 모임으로 그 해에는 임금의 물음에 답하는 것이 이로워 대면하는 기쁨이 있다. 선비가 그것을 얻으면 급제하고 천거받는 영광이 있고, 또 세군과 제좌帝座와 화합하고 협조하여 기특하다. 일반적인 관례로는 소인이 만나면 가장 나쁘나, 생시와 서로 화합하면 재앙이 다소 가볍다. 경에서 "태세가 당연히 앞에 서 있는 것은 모든 신이 감당할 수 없으니, 관의 일에 흔들림이 없다면 반드시 주인이 거듭 상을 당한다."라고 한 것이 바로 그 말이다. 다시 더하여 구교勾絞 원망元亡 함지咸池 고해孤害 택묘宅墓 병사病死 관부官符 상조喪弔 백호白虎 양인陽刃 폭패暴敗 천액天厄과 여러 흉살이 함께 오면 재앙이 가볍지 않으니 심할 경우 죽는다.

日年相併, 與眞太歲意義相同, 蓋一與當生年干支相併, 一與日干支相併也. 歲運吉凶, 重在配合. 原命格眞局正, 可決其爲君子士人, 更見配合和協, 自見喜慶. 歲君帝座者, 當生年與生時也, 常格見之, 則非吉朕. 太歲爲神煞所自出, 更見凶煞値年, 或値命宮, 必見凶災. 詳下第六編流年月建節.

 일년상병日年相併은 진태세眞太歲의 의미와 서로 같으니, 하나는 태어난 해의 간지와 서로 함께 하는 것이고, 다른 하나는 일주의 간지와 서로 함께 하는 것이다. 세와 운에서의 길함과 흉함은 중요함이 배합에 있다. 원래 명조의 격국이 참되고 바르면 군자와 선비임을 결정할 수 있고, 다시 배합이 화합하고 협조하면 기쁨과 경사가 저절로 드러난다. 세군과 제좌帝座가 태어난 해와 시에 해당하면 일반적인 관례에서는 길한 조짐이 아니다. 태세太歲는 신살神煞이 나오는 곳으로 다시 흉살을 당하는 것이 연年에 있거나 명국命宮에 있으면 반드시 흉악한 재앙을 당한다. 자세한 설명은 아래의 육편 유년流年의 월건月建에 있다.

大抵日犯歲君, 在五陽干則重, 五陰干則輕. 若日干是天月德, 太歲是用神, 則無咎, 而反有獲. 若天沖地擊柱中原有, 流年再遇, 亦無大咎, 若太歲剋當生時. 或時剋太歲, 亦主有災. 却以子位斷之.

 대체로 일日이 세군을 범하는 것이 다섯 양간陽干에 있으면 무겁고 다섯 음간陰干에 있으면 가볍다. 일간이 천월덕天月德이고 태세가 용신이면 허물이 없고 도리어 뭔가 얻는 것이 있다. 천충지격天沖

支擊이 사주에 원래 있는데 유년에서 다시 만나면 또한 큰 허물은 없다. 태세의 극훼이 생시거나 생시가 태세를 극해도 또한 주인에게 재앙이 있으니, 자식의 자리로 단정한다.

大運重地支, 太歲重天干. 日元爲五陽干, 剋犯歲君爲有力, 日爲陰干, 剋犯無力, 爲禍亦輕. 天沖地擊不論四柱原有原無, 同爲災晦, 不因原有而加重也. 冲剋在時, 時爲子位, 其應在子女, 冲剋在日, 日支爲妻位, 其應在妻宮, 各以六親宮位斷之.

대운은 지지를 중시하고 태세는 천간을 중시한다. 일원日元이 다섯 양간이면 세군을 극하고 범하는 것에 힘이 있고, 일日이 음간이면 극하고 범하는 것에 힘이 없어 재앙도 가볍다. 천충지격天冲支擊이 원래 사주에 있는지 없는지는 말할 필요도 없이 모두 재앙의 어두움이니, 원래 있는 것 때문에 더 무거워지지는 않는다. 충하고 극하는 것이 시에 있으면 시가 자식의 자리여서 그 응함이 자녀에게 있고, 충하고 극하는 것이 일에 있으면 일지가 처의 자리여서 그 응함이 처궁妻宮에 있으니, 각기 육친六親과 궁위宮位로 단정한 것이다.

3) 세와 운에 대한 총론[總論歲運]

歲用天干, 運用地支, 凡行好運, 而日干傷歲干, 爲禍輕. 若行不好運, 及脫財官運, 而日干傷歲干, 爲禍重. 若是已發之命, 禍患立至.

세歲는 천간을 쓰고 운運은 지지를 쓰니, 좋은 운으로 흘러가면서 일간日干이 세간歲干을 상하게 하면 재앙이 가볍다. 좋지 않은 운으로 흘러가고 재財와 관官을 벗어나는 운이면서 일간이 세간을 상하게 하면 재앙이 무겁다. 이미 발發한 운명이라면 재앙이 바로 닥친다.

論命以四柱爲根基, 大運爲軌道, 太歲吉凶, 不出軌道範圍. 故在好運中, 雖見日犯歲君, 不過浮災細累而止. 若在不好運中, 見日犯歲君, 爲禍必重, 在已發過之命, 或有生命之危, 故同一犯歲, 輕重懸殊也.

운명을 논함에 사주는 근본 토대이고 대운은 궤도이니, 태세太歲의 길함과 흉함은 궤도의 범위를 벗어나지 않는다. 그러므로 좋은 운에는 일日이 세군歲君을 범할지라도 지나가는 재앙이거나 번거로운 일에 지나지 않을 뿐이다. 좋지 않은 운에서는 일日이 세군歲君을 범하면 재앙이 반드시 무거우니, 이미 발하여 지나간 명에서도 혹 생명의 위험이 있기 때문에 동일하게 세歲를 범함에도 무겁고 가벼움의 차이는 아주 크다.

凡行否運, 未可便言衰絶. 大要知已發未發, 其氣運已過未過論之. 行運以生月爲運元, 最怕歲運冲剋, 若歲運冲月必禍. 若歲運與日相對, 謂之反哈, 歲運壓日, 謂之伏哈. 二者不利六親, 或非橫破財, 皆非吉兆.

좋지 않은 운으로 흘러감에 바로 쇠절衰絶이라고 말할 수는 없다.

큰 요지는 이미 발했는지 아직 발하지 않았는지를 알아 그 기운이 이미 지나갔는지 아직 지나가지 않았는지를 말하는 것이다. 운의 흐름은 태어난 월을 운의 근원[運元]으로 삼아 세운歲運에서 월月을 충하고 극하는 것을 가장 두려워하니, 세운에서 월月을 충하면 반드시 재앙을 당한다. 세운이 일日과 서로 상대하면 그것을 꾸짖는 것에 반대하는 것이라고 하고, 세운運이 일日을 누르면 그것을 꾸짖는 것에 굴복하는 것이라고 한다. 두 가지는 육친에 이롭지 않으니, 혹 재財를 거칠게 부수지 않을지라도 모두 길한 조짐은 아니다.

論運已發未發, 關係極重. 大凡中上之命, 其一生必有一節正運, 地位名望至此, 而達到其福命應有之地位. 所謂有其命必有其福, 有其福必有其運也. 在未發之時, 運雖劣, 不過坎壈而已, 不至於死. (夭殤命除外, 命見夭殤之象, 如用神受傷, 氣勢剋戰等, 亦不必甚壞之歲運方見.) 若氣運已過, 行不好運再加, 日犯歲君, 往往危及生命. 尤以老年爲甚, 蓋其氣運已盡也.

운을 논함에 이미 발하고 아직 발하지 않은 관계는 아주 중요하다. 대체로 중상中上의 명조에는 평생에 반드시 한 번의 바른 운이 있고, 지위와 명망이 이때에 와서 그 복된 명조가 가져야 할 지위를 이룬다. 그러니 이른바 그 명조가 있으면 반드시 그 복이 있다는 것이고, 그 복이 있으면 반드시 그 운이 있다는 것이다. 아직 발하지 않은 때에는 운이 비록 미미할지라도 불우하게 되는 것에 불과할 뿐이

고 죽게 되지는 않는다. (요절하는 명조 외에 명에 요절할 상을 드러
내는 것은 이를테면 용신이 훼손을 당해 기세가 싸우고 극하는 것 등
으로 또한 반드시 심하게 무너지는 세歲와 운運이 아니라도 당한다.)
기운이 이미 지나갔으나 좋지 않은 운으로 흐르는 것이 다시 가해져
일日이 세군歲君을 범하면 종종 생명이 위태롭게 된다. 특히 노년에
는 심하니, 그 기운이 이미 다하였기 때문이다.

此正運每與四柱用神相配合. 喜用在年, 正運在早年, 喜用在月日, 正
運在中年. 喜用在時, 正運在晩年, 多數相合. 運從月起, 故以月令爲運
元. 運元最怕冲動, 不僅行運冲運元爲忌, 卽太歲冲運元亦爲忌見也. 更
須參合喜忌旺衰斷之. 反吟者, 天剋地冲也, 伏吟者, 干支相同也, 見上征
太歲及日年相倂.

이것은 바른 운이 매번 사주의 용신과 서로 배합하는 것이다. 용
신이 연年에 있는 것을 반기면 바른 운이 이른 나이에 있고, 용신이
월과 일에 있는 것을 반기면, 바른 운이 중년에 있으며, 용신이 시에
있는 것을 반기면, 바른 운이 만년에 있으니, 다수로 배합한다. 운은
월에서 일어나기 때문에 월령月令이 운의 근원[運元]이다. 운의 근
원은 충하여 움직이는 것을 가장 두려워하니, 운에서 운의 근원을 충
하는 것을 꺼릴 뿐만 아니라 곧 태세에서 운의 근원을 충하는 것도
꺼림을 알 수 있다. 다시 반드시 반기고 꺼림과 왕성하고 쇠함을 참

고하고 배합하여 결단한다. 꾸짖는 것에 반대하는 것은 천극지충天
剋支冲이고, 꾸짖는 것에 굴복하는 것은 간지가 서로 같은 것이니,
위의 정태세征太歲와 일년상병日年相併절을 참고하라.

四柱中日干時干與太歲干合, 名晦氣煞, 如甲己乙庚之例. 又分日干合
太歲, 如甲日己年之例. 太歲合日干, 如己日甲年之例. 甲合己災重, 己合
甲災輕. 歲位近者災重, 遠者災輕. 如歲在日前五辰遇合, 謂之太歲入宅,
晦氣臨門, 主災厄. 神白經曰, 論晦氣日輕時重. 更看人元旺, 則主門戶眷
屬之災, 死絕併冲, 主身災.

사주에서 일간·시간이 태세의 천간과 합하는 것을 기운을 어둡게
하는 살[晦氣煞]이라고 하니, 이를테면 갑기甲己와 을경乙庚의 예이
다. 또 이것을 나누어서 보면, 일간이 태세와 합한 것은 이를테면 갑
일甲日과 기년己年의 예이고, 태세가 일간과 합한 것은 이를테면 기
일己日과 甲年의 예이다. 갑甲이 기己와 합하면 재앙이 크고, 기己가
갑甲과 합하면 재앙이 작다. 세歲의 자리가 가까운 것은 재앙이 크
고, 먼 것은 재앙이 작다. 세歲가 일전오진日前五辰에서 우합遇合이
라면 그것을 태세太歲가 집에 들어온 것이고 회기晦氣가 문에 임한
것이라고 하였으니, 주로 재앙과 액운이다. 『신백경神白經』에서 "기
운을 가리는 것에 대해 말하면 일에서는 가볍고 시에서는 무겁다. 다
시 인원人元이 왕성한 것을 보면 주로 그 집안 식구들의 재앙이고 사

절사절絶이 함께 충하는 것은 주로 자신의 재앙이다."라고 하였다.

此言天干五合也, 日元爲四柱之主, 合則晦, 故主晦滯. 命前五辰爲宅, 命後五辰爲墓. 命者年命, 當生太歲也. 今言日前五辰者, 子平法以日爲主, 援年命之例而推廣之也. 更以人元旺弱配合以論休咎, 原文甚明不贅.

여기에서는 천간의 다섯 합을 말하였다. 일원日元은 사주의 주인으로 합하면 어두워지기 때문에 주인이 어두워 막히는 것이다. 명전오진命前五辰은 택宅이고, 명후오진命後五辰이 묘墓이다. 명命은 연년의 명으로 태어난 태세이다. 이제 일전오진日前五辰을 말한 것은 자평법에서 일간을 위주로 하기에 연명年命의 예를 끌어다가 미루어 넓힌 것이다. 다시 인원人元의 왕성함과 약함으로 배합하여 재앙과 복을 논함에 원문이 아주 분명하니 군더더기를 덧붙이지 않겠다.

若在地支六合相合, 謂之鴛鴦. 合有用, 主好事將近. 干支俱合, 主添進人口. 得吉神同位, 有進展之象. 相憎, 則主有離別之苦. 相刑, 更處休囚, 主本身災禍. 在六害位, 主小口有病, 或婢僕走失之惱. 若在日時宅墓之位, 主門戶不寧, 及陰人爲撓, 有懷妊主產後不寧之象, 利生女, 不利生男, 生男, 母子有一失. 歲君與大運合, 亦同論.

지지에서 육합으로 서로 합한다면 그것을 원앙이라고 한다. 합은 유용하여 주로 좋은 일이 가까이 오려는 것이다. 간지가 모두 합하면 주로 식구들이 늘어난다. 길한 신을 얻어 자리에 함께 하면 진전의 상이 있다. 서로 증오하면 주로 이별의 고통이 있고, 서로 형刑하는데 다시 휴수休囚에 있게 되면 주로 자신의 재앙이다. 육해六害의 자리에 있으면 주로 성년이 되지 않은 사람들에게 병이 있거나 혹 종들이 도망가서 잃어버리는 근심이 있다. 일시日時가 택묘宅墓의 자리에 있으면 집안이 편안하지 않아 음인陰人에게는 어지럽게 되어 회임을 함에 주로 산후에 편안하지 않은 상이 있으니, 딸을 낳는 것은 이롭고 사내를 낳는 것은 이롭지 않으며, 사내를 낳으면 모자를 한 번 잃음이 있다. 세운이 대운과 합하는 것도 같이 논한다.

　　此言地支六合也, 得用則吉, 失用則害. 更配合人元地位, 以論休咎, 原文甚明不贅.

　　여기에서는 지지의 육합을 말한 것으로 용신을 얻으면 길하고 잃으면 해롭다. 다시 인원의 지위를 배합해서 길함과 흉함을 논하는 것은 원문에서 아주 분명하니 군더더기를 덧붙이지 않겠다.

　　大運不宜與太歲相剋相沖, 尤忌運剋歲, 與日犯歲君同, 主破敗喪耗事. 有貴人祿馬解之, 稍吉, 四柱有救無虞. 經云, 歲沖剋運者吉, 運沖剋歲者凶, 格局不吉者死. 歲運相生者吉, 祿馬貴人相合交互者亦吉. 詳審細推, 無有不驗.

대운이 태세와 서로 극하거나 충하는 것은 마땅하지 않은데, 특히 꺼리는 것은 운運이 세歲를 극하는 것으로 일日이 세군歲君을 범하는 것과 같아 주로 실패하여 일을 없애버리는 것이다. 귀인이나 녹마가 있어 풀어주면 다소 길하니, 사주에 구원함이 있어 걱정이 사라졌기 때문이다. 경에서 "세歲가 운運을 충하고 극하는 것은 길하고, 운이 세를 충하고 극하는 것은 흉하며, 격국이 길하지 않은 것은 죽는다. 세와 운이 서로 생하는 것은 길하고, 녹마와 귀인이 서로 합해 사귈 경우에도 길하다. 자세히 살피고 세밀하게 추리하면 증험이 있지 않은 적이 없다.

此言太歲與運之配合也, 相生相合者吉, 相剋相沖者凶. 原文甚明不贅.
여기에서는 태세가 운과 배합하는 것을 말하였으니, 서로 생하고 서로 합하는 것은 길하고, 서로 극하고 서로 충하는 것은 흉하다. 원문이 아주 분명하니 군더더기를 덧붙이지 않겠다.

5. 세와 운을 논함 하 [論歲運下]

論命以用神為重. 用神既定, 歲運吉凶, 即以用神為標準, 助用則吉, 逆用則凶, 順流而下, 斯言也, 以論大概則可, 未足以盡其變化也. 取用之法, 貴乎剪除枝葉, 獨探驪珠. 而論歲運, 則宜一干一支, 逐細配合. 雖以用神為標準, 而同一用火, 喜東南木火之鄉, 其間休咎殊途, 難以概論, 則以四柱干支配合有不同也. 滴天髓云, 配合干支仔細詳, 論人禍福與災祥, 配合干支四字, 洵為扼要之論也. 古來命書之論歲運, 以三命通會為最詳, 已摘錄於上篇, 以滴天髓為最精, 茲節錄於後, 以見一班.

명조를 논함에 용신이 중요하다. 용신이 이미 정해진 다음 운운과 세세의 길흉은 곧 용신을 표준으로 함에 그것을 도와주면 길하고 거스르면 흉하니, 흘러가는 대로 따라간다는 것이 이 말인데, 그 개요를 말할 수는 있지만 그 변화를 충분히 다 할 수는 없다. 용신을 취하는 법은 지엽을 잘라내고 오직 보배를 찾는 것을 귀하게 여긴다. 그러나 세와 운을 논함에는 하나하나의 간지를 마침내 자세하게 배합해야 한다. 비록 용신을 표준으로 하여 동일하게 화를 용신으로 함에 동남의 목화가 있는 곳을 반길지라도 그 사이에 길흉이 길을 달리하는 것은 개괄하여 말하기 어려우니, 사주의 간지 배합이 같지 않기 때문이다. 『적천수』에서 "간지를 자세하게 배합하여 사람들의 화복과 길흉을 논함에 간지 네 글자를 배합하는 것은 진실로 요점이 되는 논의이다."라고 하였다. 옛날부터 명리서에서 세歲와 운運을 논한 것으로 『삼명통회』를 가장 자세하게 여긴 것에 대해서는 이미 상편에서 요점을 간추려 놓고, 『적천수』를 가장 정밀하게 여긴 것에 대해서는 여기에서 뒤로 절마다 기록해서 다소를 드러냈다.

滴天髓云, 休咎繫乎運, 尤繫乎歲, 戰冲視其孰降, 和好視其孰切.

『적천수』에서 "길흉은 운에 특히 세에 달렸으니, 전쟁하고 충할 때는 어느 것이 항복하는지를 보고 화합하고 좋아할 때는 어느 것이 절실한지를 보라."라고 하였다.

原註摘錄. 日主譬如我身, 四柱干支, 譬如侍從之人. 大運, 如所到之地, 故重地支, 未曾無天干, 太歲, 譬如所遇之人, 重天干, 未曾無地支. 必先明一日主, 而後配合七字, 推其輕重, 喜行何地, 忌行何運. 如甲日以氣機看春, 遇申酉庚辛, 卽是春行秋令, 戕伐生機. 又看喜與不喜, 而運行生甲伐甲之地, 可斷其休咎矣. 太歲主休咎, 卽顯於是. 更論歲運戰冲和好之勢, 而得勝負適從之機, 則休咎了然矣.

원래의 주석을 요약해서 기록함. 일주日主는 비유하자면 자신의 몸과 같고, 사주의 간지는 비유하자면 시종하는 사람과 같다. 대운은 딛고 있는 땅과 같기 때문에 지지를 중요하게 여기나 천간이 없을 수 없고, 태세는 비유하자면 만나는 사람과 같아서 천간을 중요하게 여기나 지지가 없을 수 없다. 반드시 먼저 하나의 일주日主를 밝힌 다음에 일곱 글자를 배합해서 그 경중을 미룸에 어떤 곳으로 흘러가는 것은 반기고 어떤 운으로 흘러가는 것은 꺼린다. 이를테면 갑甲 일간은 기운의 활력이 봄을 바라봄에 신申·유酉·경庚·신辛을 만나면 곧 봄이 가을로 흘러가 살려는 활력을 해치는 것이다. 또 반기고 반기지 않는지, 운의 흐름이 갑을 생하는 곳으로 흐르는지, 치는 곳으로 흐르는지를 보고 길흉을 판단할 수 있다. 태세가 길흉을 주로 하는 것이 바로 여기에서 드러난다. 다시 세와 운이 전쟁으로 충하고 화해로 좋아하는 기세를 말하면서 승부가 따르는 기세를 얻으면 길흉이 분명해진다.

何謂戰.
무엇을 전쟁하는 것이라고 하는가?

原注. 如丙運庚年, 謂運伐歲. 日主喜庚, 要丙降, 原命有戊洩丙, 或有壬制丙, 則丙降爲吉. 日主喜丙, 而歲不可傷, (太歲爲一歲之尊神, 不可損傷,) 原命有戊己則和. 如庚坐寅午戌火地, 丙之力大, 則庚亦不能不降, 降之亦保無禍. (干支兩字相聯, 以支爲根, 庚坐寅午戌, 庚金無根力微, 故降亦無禍.)

원래의 주석. 이를테면 병丙의 대운에 경오庚午년이라면 대운이 세운을 치는 것이다. 일주가 경庚을 반기면 병丙을 항복시켜야 하니, 원래의 명조에 무戊가 있어 병丙을 설기하거나 임壬이 있어 병丙을 제압해야 한다면 병丙이 항복해서 길하다. 일주에서 병丙을 반기는 데 세에서 해쳐서는 안되는 경우에 (태세가 한 해의 높은 신으로 훼손시켜서는 안되니,) 원래의 명조에 무戊와 기己가 있으면 화합한다. 이를테면 경庚이 인오술寅午戌 화의 자리에 앉아 있으면 병丙의 힘이 대단해서 경庚이 또한 항복하지 않을 수 없는데, 항복해도 보존되고 재앙이 없다. (간지의 두 글자는 서로 연결되어 지지를 뿌리로 하는데, 경庚이 인오술寅午戌에 앉아 있으면 경금庚金이 뿌리가 없어 힘이 약하기 때문에 항복해서 재앙이 없다.)

庚運丙年, 謂之歲伐運, 日主喜庚, 原命有戊己洩丙生庚, 則和日生喜丙, 而運不降歲, (運如所到之地, 歲如所遇之人, 不能以歲轉移大運,) 又不可用戊己洩丙助庚, 若庚坐寅午戌, 丙之力巨, 則運自降吉矣.

경庚 대운에 병오丙午년이라면, 세운이 대운을 치는 것이라고 하는데, 일주가 경庚을 반기고 원래의 명조에서 무기戊己가 병丙을 설기시켜 경庚을 낳아준다면, 일주와 화합해서 병丙을 반기고 대운이 세운에 항복하지 않으며, (대운은 딛고 있는 땅과 같고, 세운은 만나는 사람과 같아 세운이 대운으로 옮겨갈 수 없으니,) 또 무기戊己를 용신으로 병丙을 설기해서 경庚을 도울 수 없는데, 경庚이 인오술인寅午戌에 앉아 있고 병丙의 힘이 대단하다면 대운이 스스로 항복해 길하게 된다.

何謂冲.
무엇을 충이라고 하는가?

原注. 如子運午年, 謂之運冲歲. 日主喜子, 則要助子, 又得午之干頭乃制午之神, 則吉. (如壬午). 或午之黨多, 干頭遇丙戊甲字者, 必凶.

원래의 주석. 이를테면 자子 대운에 오午년이라면, 대운이 세운을 충한다고 한다. 일주가 자子를 반기면 자子를 도와야 하니, 또 오午의 천간 머리를 얻어 바로 오의 신을 제압하면 길하다. (이를테면 임오壬午이다.) 혹 오午의 무리가 많고 천간의 머리로 병무갑丙戊甲이 있는 경우에는 반드시 흉하다.

午運子年, 謂之歲冲運. 日主喜午而子之黨多, 干頭助子者, (如壬子)必凶. 日主喜子, 而子之當多, 干頭助子者, 必吉. 若午重子輕, 則歲不降, 亦多咎也.

오午 대운에 자子년이라면, 세운이 대운을 충한다고 한다. 일주가 오午를 반기는데 자子의 무리가 많고 천간의 머리가 자子를 돕는다면, (이를테면 임자壬子로) 반드시 흉하다. 일주가 자子를 반기는데 자子의 무리가 많고 천간의 머리가 자子를 돕는다면 반드시 길하다. 오午가 무겁고 자子가 가볍다면 세운이 항복하지 않으니, 또한 허물이 많아진다.

何謂和
무엇을 화합이라고 하는가?

原注. 如乙運庚年, 庚運乙年, 則和. 日主喜庚則吉, 喜木則不吉. 子運丑年, 丑運子年, 則和. 日主喜水則吉, 喜土則不吉. (乙庚子丑, 相合有情, 故和, 不是合化. 參觀上篇.)

원래의 주석. 을乙 대운에 경庚년이고 경庚 대운에 을乙년이라면 화합하는 것이다. 일주가 경庚을 반기면 길하고 목木을 반기면 불길하다. 자子 대운에 축丑년이고, 축丑 대운에 자子년이라면 화합하는 것이다. 일주가 수를 반기면 길하고 토를 반기면 불길하다. (을경乙庚과 자축子丑은 서로 합함에 정이 있기 때문에 화합하는 것이지 합해서 변화하는 것이 아니다. 앞의 편을 참고하라.)

何謂好.
무엇을 좋음이라고 하는가?

原注. 庚運辛年, 辛運庚年, 或申運酉年, 酉運申年, 則好. 日主喜陽, 則庚與申爲好, 喜陰, 則辛與酉爲好. 以此例推.

원래의 주석. 경庚 대운에 신辛년이고 신辛 대운에 경庚년이거나 혹 신申 대운에 유酉년이고 유酉 대운에 신申년이라면 좋다. 일주가 양陽을 반기면 경庚과 신申이 좋고, 음陰을 반기면 신辛과 유酉가 좋다. 이 사례를 가지고 추측하라.

從來談命之書, 以子平眞詮爲最明白曉暢, 論大運篇, 以運之干支配八字之喜忌. 行一字, 必配命中干支而統觀之數語, 尤爲扼要. 蓋配八字喜忌, 有轉移用神之可能, 其不專以助用逆用, 爲盡其能事可知也. 惜其所論, 仍爲用神喜忌, 而非四柱配運歲之喜忌. 蓋全局錯綜復雜, 移步換形, 各個命造不同, 難以文字形容. 忌中有喜, 喜中有忌, 佳運之中, 往往有突然變生不測者, 皆此類也. 然千變萬化, 不外乎戰冲和好四字, 茲以各種變動之程式略舉如下.

지금까지의 명리책으로는 『자평진전』을 가장 명백하게 설명한 것으로 여기는데, 대운을 논한 편에서 대운의 간지를 가지고 여덟 글자의 반기고 꺼림에 배합했다. 흘러가는 어떤 글자를 반드시 명조의 간지에 배합해서 통괄적으로 본다는 몇 마디는 아주 핵심을 잡은 것이다. 여덟 글자의 반기고 꺼림을 배합함에 용신을 옮기는 것이 가능하다면, 오로지 용신을 돕고 용신을 거스르는 것으로 가능한 일과 지식을 다할 뿐만이 아니다. 안타깝게도 그 논한 것이 그대로 용신의 반기고 꺼림이라면, 사주가 대운·세운과 배합된 반기고 꺼림이 아니다. 전체 형국의 착종은 복잡해서 옮겨가면서 형태를 바꾸는 것은 각 명조마다 같지 않아 글자로 표현하기는 어렵다. 꺼리는 가운데 반기는 것이 있고 반기는 가운데 꺼리는 것도 있으니, 좋은 운에 종종 갑자기 예측할 수 없는 변화가 생기는 것들이 모두 이런 종류들이다. 그런데 온갖 변화도 전쟁·충·화합·좋음을 벗어나지 않으니, 이에 각종 변화의 방식을 대충 다음처럼 든다.

庚 甲 壬 戊
午 寅 戌 子

甲木生於九月, 支會寅午戌火局, 火旺木焚, 其以壬水爲用明矣. 然有戊土忌神出干, 大運干見壬癸, 爲戊土反剋, 必須取甲木剋制戊土, 去其病神, 壬水之用方顯. 但用木必須帶水. 否則火焚金制, 不能去戊土之病也. 木行干而不行支, 水行支而不行干, 甲子乙丑爲最美之運矣. 丙丁得壬水回剋, 反見虛榮, 寅卯增助火旺, 非美運也.

갑목甲木이 9월에 태어나고 지지가 인오술寅午戌 화국이어서 화의 왕성함으로 목이 타들어가니 임수壬水를 용신으로 해야 하는 것이 분명하다. 그런데 무토戊土가 기신忌神으로 천간에 있고 대운이 임계임癸로 흐르지만 무토戊土에 도리어 극을 당하니, 반드시 갑목甲木으로 무토戊土를 극하고 제압해서 그 병신病神을 제거해야 임수의 용신이 드러날 수 있다. 다만 갑목甲木을 용신으로 함에 반드시 수를 끼고 있어야 한다. 그렇지 않다면, 화의 불타오름에 금이 억제되어 무토戊土의 병을 제거할 수 없다. 목이 천간에 흘러가고 지지에 흘러가지 않으며 수가 지지에 흘러가고 천간에 흘러가지 않으면, 갑자甲子·을축乙丑이 가장 아름다운 대운이다. 병정丙丁은 임수壬水를 얻으면 극을 당해 도리어 허황된 영화로 드러난다.

大運以方爲重, 十年並論. 故逢甲申乙酉丙申丁酉丙子丁亥戊寅己卯戊申己酉戊子己亥庚寅辛卯庚午辛巳壬寅癸卯壬午癸巳等干支, 謂天干無力, 專論其方可也. 然有不可一槪論者, 須配合原命以論强弱. 如,

대운은 방향이 중요한데 10년을 아울러서 논한다. 그러므로 갑신·을유·병신·정유·병자·정해·무인·기묘·무신·기유·무자·기해·경인·신묘·경오·신사·임인·계묘·임오·계사 등의 간지는 천간이 무력하여 단지 그 방향만 논해야 한다. 그러나 일괄적으로 논할 수 없는 것이 있으니, 반드시 원래의 명조와 배합해서 강약을 다음처럼 논해야 한다.

丙 丙 壬 丙
申 申 辰 戌

癸巳拾年, 癸水之力至巨, 何也. 原命申辰會局, 壬水出干, 本嫌煞旺身衰, 見癸水官來混煞, 力更顯著. 丙申丁酉二十年, 丙丁本無力, 亦以原命三丙並透, 不能謂全無影响, 惟薄弱耳. 原命以印爲用, 然甲午乙未二十年, 不能與甲寅乙卯並論. 又顯然可見, 凡煞旺宜印, 財旺宜劫, 煞旺而見比劫, 幫身敵煞, 反成戰爭之局, 不能以佳運論也.

계사癸巳 대운 10년에는 계수癸水의 힘이 아주 큰 것은 무엇 때문인가? 원국에서의 신진申辰 회국에 임수壬水가 천간에 있어 본래 살이 왕성하고 자신이 쇠약한 것을 꺼리는데, 계수癸水 관이 와서 살을 혼잡하게 하니 힘이 다시 드러나는 것이다. 병신丙申과 정유丁酉 20년에는 병정丙丁이 본래 힘이 없는데, 또한 원래의 명조에 세 개의 병丙이 나란히 있어 전혀 영향이 없다고 말할 수 없으니, 단지 가볍고 약할 뿐이다. 원래 명조에서는 인성을 용신으로 했지만 갑오甲午와 을미乙未 대운 20년에는 갑인甲寅·을묘乙卯와 함께 논할 수 없다. 또 환하게 드러나는 것으로 살이 왕성함에는 인성이 마땅하고 재성이 왕성함에는 겁재가 마땅한데, 살이 왕성하면서 비겁이 드러나면 자신을 도와 살을 대적함으로 도리어 전쟁의 형국을 이뤄 좋은 운이라고 할 수 없다.

運有變喜爲忌, 變忌爲喜者.

대운에는 반가운 것을 꺼리는 것으로 바꾸고 꺼리는 것을 반가운 것으로 바꾸는 경우가 있다.

癸 丁 戊 壬
卯 亥 申 辰

丁火生七月, 氣勢就衰, 不能無木亥卯會局格之所喜,, 然申辰會局壬水出干, 秋水猖狂, 濕木無燄. 七月丁火, 氣勢衰弱, 原局有印, 還宜戊土制水培木, 以生丁火, 明矣. 運行亥子丑北方, 辛金洩土生水, 自非佳運. 亥運會卯成局, 木生火旺, 反爲吉運. 壬癸兩運, 有戊土回剋, 亦無妨礙. 子運會成水局, 戊土之力, 有所不及, 必有災咎. 丑運濕土, 亦非佳運. 甲運後, 運轉東方, 宜可大得意矣, 然甲木出干, 傷剋戊土, 轉恐未必爲福. 吉中有凶, 此類是也.

정화가 7월에 태어나 기세가 약해지고 있는데, 해묘亥卯 목木 회국격의 반가운 것이 없지 않을 수 없다. 그렇지만 신진申辰 회국에 임수壬水가 천간에 있기 때문에 가을의 물이 미쳐 날뛰어 젖은 목에 불꽃이 일지 않는다. 7월의 정화丁火는 기세가 쇠약해서 원국에 인성이 있으면서 또한 마땅히 무토가 수를 제압하고 목을 북돋워 정화를 낳아주어야 하는 것이 분명하다. 운이 해자축亥子丑 북쪽으로 흐르고 신금辛金이 토土를 누설해 수水를 생하니, 본래 아름다운 운이 아니다. 해亥 대운에는 묘卯와 함께 국을 이뤄 목이 나오고 화가 왕성하니, 도리어 길한 운이다. 임壬과 계癸 두 운에는 무토戊土가 도리어 극하니, 또한 방해될 것이 없다. 자子 대운에는 수水의 국을 이뤄 무토戊土의 힘이 미치지 못함이 있으니, 반드시 재앙이 있다. 축丑 대운도 아름다운 운은 아니다. 갑甲 대운 다음에 운이 동방으로 흐르면 당연히 크게 뜻을 얻겠지만, 갑목甲木이 천간에 있으면 무토戊土를 해치고 극하니, 굴러가는 것이 아마도 반드시 복이 되는 것은 아닐 것이다. 길한 가운데 흉함이 있다는 것은 이런 종류가 여기에 해당한다.

運有性質相同, 而吉凶懸殊者.

대운에서는 성질이 서로 같은데, 길흉에서는 현격하게 다른 경우가 있다.

辛 乙 癸 壬
巳 丑 丑 申

寒木向陽, 必取巳宮丙火, 調候爲用, 貴格也. 運行東南陽暖之地, 得意可知. 然戊午己未兩運, 同爲破印衛丙, 吉凶懸殊. 蓋戊土能制壬癸, 己土不能制水, 反而生金. 雖太歲有關, 要以大運爲重. 未運朋沖, 不傷 用神, 本無妨礙. 太歲丁丑, 歲運又沖, 所謂戰鬪之鄕必主刑於本命是也. 是年九月逝世. 又己未雖不如戊午, 猶爲東南陽暖之地, 入後庚申辛酉, 則命盡祿絕矣. 運程最怕交脫之際逢沖, 珞琢子三命消息賦云, 禍旬向末. 言福可以迎推, 繼入衰鄕, 災宜其逆課. 火勢將興, 先烟後燄是也.

　차가운 나무가 태양을 향하려면 사巳궁의 병화丙火를 취해 조후를 용신으로 해야 귀한 격이다. 운이 동남의 태양이 따스한 곳으로 흘러 뜻을 얻을 수 있음을 알겠가. 그렇지만 무오戊午와 기미己未의 두 운에는 인성을 파괴해 병丙을 보호하니 길흉이 아주 다르다. 무토戊土가 임계壬癸를 제압할 수 있지만 기토己土는 수水를 제압할 수 없고 도리어 금金을 생한다. 태세와 관련 있을지라도 대운으로 중요함을 삼아야 하니, 미未 대운에 친구의 충은 용신을 해치지는 않아 본래 방해될 것이 없다. 태세 정축丁丑에는 세와 운이 또 충이 되어 이른바 전투하는 곳에는 반듯이 본래의 명조에서 형벌을 주로 한다는 것이 여기에 해당하니, 그 해 9월에 세상을 떠났다. 또 기미己未에는 무오戊午와 같지 않을지라도 여전히 동남 태양의 따스한 곳이지만, 뒤의 경신庚申과 신유辛酉로 들어간다면 수명이 다하고 봉록이 끊어진다. 대운의 단위에서 서로 벗어나는 때에 충을 만나는 것이 가장 두려워서 낙록자의『삼명소식부』에서 "10년에서 끝을 향할 때에 재앙이 있다."고 했으니, 복은 맞이하며 추산해야 하고, 이어서 쇠한 방향으로 들어가면 재앙은 역으로 헤아려야 한다는 말이다. 화의 기세가 일어나려고 할 때에는 먼저 연기가 나고 뒤에 불이 타오른다는 것이 여기에 해당한다.

甲 戊 庚 癸
寅 午 申 酉

此無錫榮宗敬命, 富而不貴, 詳上徵驗篇. 身旺逸而享受, 財旺勞而得財. 然終以財爲福. 一生運程, 皆在東南, 似乎拂逆, 不知辰乙卯十五年, 乃一生最佳之運. 辰從酉合乙從庚合, 卯從申合, 乃金也, 非木也. 甲木有庚金回剋, 亦非劣運, 寅運會午, 不傷金無礙也. 無如原命寅午會局, 更見寅則冲申非吉. 若原命無寅, 僅見運寅會午, 可解申冲, 又當別論矣. 或以傷官見官爲言, 不知用官而見傷則爲忌, 用傷而見官, 爲我用神所制, 何忌之有. 歿於寅運戊寅年甲月, 乙卯甲寅同爲木, 配合之不同有如此. (己卯對冲, 戊寅乃元辰之歲也, 見上篇.)

이것은 무석無錫 영종경榮宗敬의 명조로 부유했지만 귀하지 않았으니, 자세한 것은 위의 「징험」편에 있다. 자신의 왕성함으로 뛰어나서 혜택을 누렸고, 재의 왕성함으로 수고해서 재물을 얻었다. 그렇지만 끝내 재물로 복을 삼은 것이다. 일생에서 운의 방향은 모두 동남이어서 거스르는 것 같은데, 모르겠지만 진辰과 을묘乙卯의 15년이 일생에서 가장 아름다운 운이었을 것이다. 진辰은 유酉를 따라 합하고 을乙은 경庚을 따라 합하며, 묘卯는 신申을 따라 합하니, 그야말로 금金이지 목木이 아닌 것이다. 갑목甲木은 경금庚金이 돌아와 극할지라도 열세한 운이 아니고, 인寅 대운에서는 오午와 합해 금金

을 해치지 않았으니 방해될 것이 없었다. 그런데 안타깝게도 원래의 명조에 인오寅午로 국이 되었는데, 다시 인寅을 보니, 신申을 충해 길한 것이 아니었다. 원래의 명조에 인寅이 없었다면, 거의 대운에서의 인寅이 오午와 합함으로 신申의 충을 풀 수 있었을 것이니, 또 별도로 논해야 한다. 혹 상관이 관을 본 것으로 말했다면, 모르겠지만 관을 용신으로 했는데 상관을 봤다면 꺼리는 것이고, 상관을 용신으로 했는데 관을 봤다면 나의 용신에 제압을 당한 것이니 무엇을 꺼리겠는가? 인寅 대운 무인戊寅년 갑甲월에 죽었다면 을묘乙卯와 갑인甲寅이 동일하게 목이지만, 배합의 같지 않음이 이와 같은 것이다. (기묘己卯는 맞서 충하지만 무인戊寅은 바로 원진의 해로 앞의 편에 있다.)

更有在佳運之中, 突然變生不測者.

다시 좋은 운에서 갑자기 변하면서 예측할 수 없는 것이 발생하는 경우가 있다.

```
            41 31
乙 乙 辛 丙    丙 乙
酉 巳 丑 子    午 巳
```

寒木向陽, 必取丙火調候, 與上造相同也. 丙辛一合雲程路阻, 此言格之高低也. 上造印旺煞輕, 此造煞重印輕, 乙木根輕, 必藉子水爲生身之本, 方能用丙. 乙巳丙十五年爲一生最順適時代. 至午運冲破子印, 印傷乙木不能自存. 流年庚申, 官來混煞, 木被金傷, 猝然逝世. 論運午爲丙火旺地, 固佳運也.

차가운 나무는 태양을 향해 반드시 병화의 조후를 취해야 하니 앞의 명조와 서로 같다. 병신丙辛이 하나로 합해 먼 앞길이 막혔다면, 이것은 격의 고저를 말한 것이다. 앞의 명조는 인성이 왕성하면서 살이 가볍고, 여기의 명조는 살이 무거우면서 인성이 가벼우니, 을목乙木은 뿌리가 가벼워 반드시 子水를 바탕으로 자신을 생하는 근본을 삼아야 병丙을 용신으로 할 수 있다. 을사병乙巳丙의 15년은 일생에서 가장 순탄한 때이다. 오午의 대운에 자子 인성을 충으로 파괴하면, 인성이 상해를 당해 을목乙木이 자존할 수 없다. 유년 경신庚申에 관이 와서 살과 혼잡되면 목木이 파괴되고 금金이 상하니, 마침내 세상을 떠났다. 대운을 논하면, 오午는 병화丙火의 왕지여서 진실로 아름다운 대운이다.

用神宜助, 忌神宜去, 理之常也, 然有因忌神而得救者.

용신은 도와야 하고 기신은 제거해야 하는 것이 이치의 떳떳함이지만 기신으로 말미암아 구원을 얻는 경우도 있다.

戊 丙 甲 辛
戌 申 午 未

丙火生五月, 午戌拱寅, 而申冲之. 四柱雖無寅字, 而寅之用俱備, (甲丙戊)爲炎上格之變. 申爲病神, 運利東南, 不宜西北, 辛卯庚寅二十年, 庚辛無力, 置之不論. 寅卯東方, 木助火旺, 雲程直上, 至寅而止. 己運之後, 運轉北方, 火氣下熸, 土又洩之, 格局變爲火土傷官生財, 行食傷運, 財產雖有增進, 地位毫無進步. 炎上最忌子冲, 流年又値丙子, 勢無全理. 無如原命有申, 子申會局, 解子午冲, 互相支持, 因禍得福也.

병화가 5월에 태어나고 오술午戌이 인寅을 껴안았는데 신申이 충을 했다. 사주에는 인寅자가 없을지라도 인寅의 용신이 구비되어 (갑병무甲丙戊) 염상격炎上格으로 변했다. 신申이 병신病神으로 대운에서는 동남이 이롭고 서북이 마땅하지 않으니, 신묘辛卯와 경인庚寅 20년에서 경신庚辛은 무력하니 버려두고 논하지 않는다. 인묘寅卯는 동방으로 목木이 돕고 화火가 왕성해서 먼 앞길로 곧바로 올라가다가 인寅에서 멈추었다. 기己 대운 다음에는 북방으로 대운이 흘러 화기가 아래로 가라앉고 토土가 또 누설되어 격국이 화토상관생재火土傷官生財로 변했으니, 식상운으로 흘러 재성의 생산에 증진되지만 지위에서는 조금도 나아감이 없었다. 염상炎上은 자子의 충을 가장 꺼리는데, 유년에서 또 병자丙子를 만났으니, 세력에 온전할 이치가 없다. 다행스럽게도 원래의 명조에 신申이 있었는데, 자신子申으로 국을 이뤄 자오子午충을 풀고 서로 붙들고 버티니 재앙으로 복을 얻은 것이다.

上造寅申冲忌而得福, 子申會忌而解冲, 已極變幻, 玆更列一式如下.
앞의 명조에서 인신寅申의 충은 꺼렸지만 복을 얻었고, 자신子申의 합은 꺼렸지만 충을 풀어 변화를 지극하게 했으니, 이에 다시 일률적으로 다음처럼 나열한다.

甲 丁 乙 癸
辰 巳 卯 未

丁火生二月, 甲木出干, 木火通明, 忌濕乙傷丁, 癸水爲忌神, 運行北方, 忌神得地, 當無善況. 不知地支卯辰巳未, 聯珠拱祿, 虛神喜冲, 得冲而動, 方顯其用. 至子運, 冲動午祿, 一躍而爲省長, 爲一生最佳之運. 辛運無榮無辱, 亥運會齊木局, 而濕木無燄, 不如子運遠矣. 蓋子運之美, 取其冲午, 非取其癸水也.

정화가 2월에 태어나고 갑목에 천간에 있어 목화통명木火通明으로 축축한 을乙이 정丁을 해치는 것을 꺼리니, 계수가 기신忌神인데 북방으로 대운이 흘러 기신忌神이 마땅한 곳을 얻어 좋은 형편이 아니다. 모르겠지만 지지의 묘진사미卯辰巳未로 연결된 구슬이 건록을 껴안았고, 허신虛神은 충을 반기는데 충이 되어 움직이니 그 용신을 드러내는 것이다. 자자 대운에 충으로 오午 건록이 움직여 한 번의 도약으로 성의 수장이 되었으니, 인생에서 가장 아름다운 대운이다. 신辛 대운에는 영화도 없고 욕됨도 없으며, 해亥 대운에는 합으로 목국을 이뤄 축축한 목木이 타오르지 않으니, 자자 대운의 심오한 것만 못하다. 자자 대운이 아름다웠던 것은 오午를 충하는 것을 취한 것이지 계수癸水를 취한 것이 아니다.

有以忌冲忌反獲其益者, 如

충을 꺼리는데 꺼림이 도리어 이익도 얻게 하는 경우는 다음과 같다.

戊 己 甲 丁
辰 酉 辰 未

此造甲己化土格, 以丁爲用, 化神喜行旺地, 酉金洩土之氣爲忌, 見寅卯爲返本倒化, 亦爲忌, 癸卯壬寅, 非吉也. 然壬癸運, 有戊土同剋, 卯運得酉金回冲, 卯酉同爲病神, 因互冲而兩失其用. 一至寅運, 甲木臨官, 一敗塗地. 接行辛丑庚子, 土洩而弱, 情況可知矣.

이 명조는 갑기甲己로 토土가 된 것으로 정丁이 용신인데, 변화한 신神은 왕지로 흐르는 것을 반겨 유금酉金이 토의 기운을 누설하는 것도 꺼리고, 인묘寅卯 뿌리로 돌아가며 거꾸로 변화되는 것을 보는 것도 꺼리니, 계묘癸卯와 임인壬寅에는 길한 것이 아니다. 그러나 임계壬癸 대운에는 무토戊土가 함께 극하고, 묘卯 대운에는 유금酉金이 도리어 충을 하니, 묘卯와 유酉가 똑같이 병신病神으로 서로의 충 때문에 그 용신을 양쪽으로 잃었다. 마침내 인寅 대운은 갑목甲木의 임관으로 한 번 실패하면서 완전히 망했다. 신축辛丑 경자庚子로 이어져 흘러가 토가 누설됨으로 약해진 것이니, 그 정황을 알 수 있는 것이다.

凡用官星而透傷, 見官運, 反而傷官, 用財星而透劫, 行財運, 反而破財, 如

일반적으로 관성이 용신인데 상관이 투간되었으면, 관운을 보는 것이 도리어 관을 해치는 것이고, 재성을 용신으로 하는데 겁재가 투간되었으면 재운으로 흐르는 것이 도리어 재를 파괴하니, 다음과 같다.

丙 壬 辛 壬
午 午 亥 申

壬水生亥月, 月令建祿, 冬水汪洋, 非用財官不可, 不合比肩出干爲病. 大運甲寅乙卯, 洩水之氣以生火, 一帆風順, 財富裕如. 丙辰丁巳, 財旺之運, 引動比劫爭財, 一貧如洗. 猶幸此造格局甚淸, 午宮己土得祿, 雖不能制止壬水爭財, 尙不失爲淸貴, 故地位淸高, 學問品行俱臻上乘.

임수壬水가 해亥월에 태어나 월령이 건록이고, 겨울 물이 넘쳐 재와 관을 용신으로 하지 않아서는 안되니, 비견이 천간에 있어 병病이 되는 것과 합하지 않는다. 갑인甲寅과 을묘乙卯 대운에 수水의 기운을 누설하여 화火를 생하는 것은 돛단배 한 척이 바람 부는 대로 순항하는 것처럼 재산이 부유하게 되었다. 병진丙辰과 정사丁巳에는 재성이 왕성한 대운으로 비겁이 재물을 다투게 하니, 극도로 빈곤하게 된다. 그럼에도 여전히 이 명조의 격국이 아주 맑고 오午궁의 기토己土가 록을 얻었으니, 수水가 재를 다투는 것을 정지시킬 수는 없을지라도 맑아서 귀한 것은 잃지 않기 때문에 지위가 맑고 높으며 학문과 품행이 모두 상승하게 되었다.

壬 壬 辛 壬
寅 子 亥 辰

此造與上造一例, 專用寅宮丙戊, 無如日坐陽刃, 三壬出干, 寅宮戊土, 爲甲木所制, 更有潰堤決口之懼. 甲寅乙卯運中, 忽擁厚資, 忽而破産, 屢起屢臥, 此假象也. 迨丙辰丁巳, 一敗塗地, 不能復振.

이 명조는 앞의 것과 같은 사례로 오로지 인寅궁의 병무丙戊를 용신으로 하는데, 안타깝게도 일간이 양인의 자리에 앉았고 세 임壬이 천간에 있고, 인寅궁의 무토戊土가 갑목甲木에게 제압됨으로 다시 제방이 터져 물이 빠질 것이라는 두려움이 있다. 갑인甲寅과 을묘乙卯 대운 가운데에서는 갑자기 후한 녹봉을 받다가 갑자기 파산하며 자주 일어났다가 자주 실패하니, 이것이 허상이기 때문이다. 병진丙辰과 정사丁巳 대운에는 실패만하고 다시 일어나지 못하였다.

凡命造以純粹而淸爲貴. 運途而順, 靑雲直上. 運途而逆, 雖無發展, 不能變其格局, 斯爲上命. 得運助則興, 失運助則敗, 大都因原局有病, 此類命造, 最爲普通, 中等也. 至若下等之命, 氣勢復雜, 處處掣肘. 運程無全美之理, 短中取長, 雖順運亦難得意也.

일반적으로 명조가 순수하면서 맑으면 귀하게 된다. 노정이 순조로우면 일찍부터 높은 자리에 올라가고, 노정이 어긋나면 발전이 없을지라도 그 격국을 바꿀 수 없으니, 이런 것은 상급의 명조이다. 운의 도움을 만나면 흥성하고 운의 도움을 만나지 못하면 실패하는 것은 대체로 원국에 병이 있기 때문이니, 이런 종류의 명조는 가장 흔한 것으로 중급이다. 하급의 명조는 기세가 복잡하고 곳곳에서 참견하여 방해한다. 대운의 방향에서 완전히 아름다운 이치가 없어 보통의 것에서 비교적 좋은 것을 취하니, 운이 순조로울지라도 뜻을 얻기 어렵다.

取運之法, 千變萬化, 上列十造可見一班. 要之不外乎配合干支, 戰冲和好八箇字. 至於順用逆用, 雖爲取運之標準, 不足以窮其變. 今人以運程不準, 疑用神錯誤者, 實未得其法也. 滴天髓云, 配合干支仔細, 詳論人禍福與災祥. 洵扼要之論也.

운을 취하는 법은 천변만화하니, 위에서 나열한 열 가지 명조로 조금 드러냈다. 요약하자면 간지의 배합과 전쟁·충·화합·좋음을 벗어나지 않는다. 용신을 따르고 용신을 거스르는 것에서는 운을 취하는 표준대로 할지라도 그 변화를 다하기에 부족하다. 요즘 사람들이 운의 방향을 표준대로 하지 않고 용신의 착오라고 의심하는 것은 실로 그 법을 터득하기 못했기 때문이다. 『적천수』에서 "간지의 배합을 자세하게 하여 사람의 화복을 논하면, 진실로 핵심을 잡은 논의이다."라고 하였다.

6. 인원 용사의 다과를 논함 [論人元用事多寡]

人元者, 用事之神, 司令者, 主旺之氣. 一宮之中, 人元非一, 而用有強弱多寡之分, 三命通會援據古法而有下列之規定.

인원人元은 용사의 신이고 사령司令은 주로 왕성한 기이다. 어떤 궁에서는 인원이 하나가 아니고 쓰임에 강약과 다과의 구분이 있으니, 『삼명통회』에서는 옛 법을 근거로 아래처럼 나열한 규칙이 있다.

寅月	己 七日　丙 五日 甲木 十八日5	卯月	甲 九日　癸 三日 乙木 十八日
辰月	乙 九日　癸 三日 戊土 十八日	巳月	戊 七日　庚 五日 丙火 十八日
午月	丙 九日　己 三日 丁火 十八日	未月	乙 五日　丁 七日 己土 十八日
申月	己 七日　戊 三日　壬 三日 庚金 十七日	酉月	庚七日　丁三日 辛金 二十日
戌月	辛 七日　丁 五日 戊土 十八日	亥月	甲 五日　戊 七日 壬水 十八日
子月	壬 九日　辛 三日 癸水 十八日	丑月	癸 七日　辛 五日 己土 十八日

인寅 월	기己 7일 병丙 5일 갑목甲木 18일	묘卯 월	갑甲 9일 계癸 3일 을목乙木 18일
진辰 월	을乙 9일 계癸 3일 무토戊土 18일	사巳 월	무戊 7일 경庚 5일 병화丙火 18일
오午 월	병丙 9일 기己 3일 정화丁火 18일	미未 월	을乙 5일 정丁 7일 기토己土 18일
신申 월	기己 7일 무戊 3일 임壬 3일 경금庚金 17일	유酉 월	경庚 7일 정丁 3일 신금辛金 20일
술戌 월	신辛 7일 정丁 5일 무토戊土 18일	해亥 월	갑甲 5일 무戊 7일 임수壬水 18일
자子 월	壬 9일 辛 3일 癸水 18일	축丑 월	계癸 7일 신辛 5일 기토己土 18일

逐月均從交節日起算, 以五行分配三百六十日, 各得七十二日也. 任鐵樵氏所著滴天髓中, 又更定如下.

마침내 월에 따라 절기가 교차되는 것으로 계산해서 오행을 가지고 360일에 배분하면 각기 72일이 된다. 임철초가 지은 『적천수』에서는 또 다시 아래와 같이 규정했다.

寅　　立春戊七還丙七, 餘日甲木交驚蟄.　甲木十六日.

卯　　驚蟄十日甲木行, 餘皆乙木是淸明.　乙木二十日.

辰　　淸明乙九三癸寅, 戊旺提綱交立夏.　戊土十八日.

巳　　立夏五戊庚初動, 庚九交丙及芒種.　丙火十六日.

午	芒種十丙九己取,	丁火陰柔迎小暑.	丁火十一日.
未	小暑九丁乙三周,	己旺提綱又立秋.	己土十八日.
申	立秋七己並三戊,	三壬交庚至白露.	庚金十七日.
酉	白露庚金管一旬,	辛金專氣迎寒露.	辛金二十日.
戌	寒露辛九丁三逢,	戊旺提綱又立冬.	戊土十八日.
亥	立冬戊七甲五日,	壬水洋洋交大雪.	壬水十八日.
子	大雪壬水十日看,	廿天癸水逢小寒.	癸水二十日.
丑	小寒九癸並三辛,	己旺提綱又立春.	己土十八日.

인寅 입춘부터 무戊가 7일, 또 병丙이 7일, 나머지 기일은 갑목甲木이 경칩까지 맞이함. 갑목甲木 16일.

묘卯 경칩부터 10일은 갑목甲木이 운행되고, 나머지는 모두 乙木이 청명까지 다스림. 을목乙木 20일.

진辰 청명부터 을乙이 9일, 3일은 계癸가 머물고, 무戊의 왕성한 줄기가 입하까지 맞이함. 무토戊土 18일.

사巳 입하부터 5일은 무戊가, 경庚이 처음 움직임에 경庚이 9일간 맞이하고 丙병이 망종까지 미침. 병화丙火 16일.

오午 망종에서 10일은 병丙이, 9일은 기己가 취하고, 정화丁火가 음의 유순함으로 소서를 맞이함. 정화丁火 11일.

미未 소서에서 9일은 정丁이, 을乙이 3일을 두루 미치고, 기己의

	왕성한 줄기가 또 입추까지 감. 기토己土 18일.
신申	입추에서 7일은 기己가, 아울러 3일은 무戊가, 3일은 임壬이 맞이하고, 경庚이 백로까지 미침. 경금庚金 17일.
유酉	백로에서 경금庚金이 10일을 관할하고, 신금辛金의 전일한 기운이 한로를 맞이함. 신금辛金 20일.
술戌	한로에서 신辛이 9일, 정이 3일을 맞이하고, 무戊의 왕성한 줄기가 또 입동까지 감. 무토戊土 18일.
해亥	입동에서 무戊가 7일, 갑甲이 5일, 가득한 임수壬水가 대설까지 맞이함. 임수壬水 18일.
자子	대설에서 임수壬水가 10일을 지키고, 20일은 계수이면서 소한을 맞이함. 계수癸水 20일.
축丑	소한에서 9일은 계癸가, 아울러 3일은 신辛이, 기己의 왕성한 줄기가 또 입춘까지 감. 기토己土 18일.

各月份司令日期, 較之上表, 互有出入. 任氏諒有所本然人元用事, 劃分日期, 理有未合. 夫天行轉移, 逐漸進退, 無突然變更之理. 用事多寡, 乃力用之比例.

매월 사령의 기한을 분담하여 위의 표로 비교했는데 서로 들쭉날쭉한다. 임씨는 본래의 인원 용사가 있는 것을 믿고 날의 기한을 나누었는데, 이치상으로 합하지 않은 것이 있다. 하늘이 흘러가며 움직임에는 점차로 진퇴하고 갑자기 변경하는 이치는 없으니, 용사의 많고 적음은 바로 힘을 쓰는 비례이다.

 故朱子論卦氣曰, 陰陽進退, 當以一爻分三十分, 每日進退一分. 如陰剝, 每日剝三十分之一, 須一月方剝得盡, 陽長, 每日長三十分之一, 亦一月方長得成. 故復之一陽, 不是頓然便生, 乃是從坤卦中積來. 從小雪後一日一分, 竟大雪共三十日, 生三十分, 然後成冬至之一陽. 姤之陰, 生於小滿, 積三十日, 然後成夏至之一陰.

 그러므로 주자朱子가 괘기卦氣를 말하면서 "음양의 진퇴는 당연히 한 효를 30분으로 나눠 매일 1분씩 진퇴한다. 이를테면 음이 깎아냄(剝:)에는 매일 1/30씩 깎아내어 반드시 한 달에 다 깎아낼 수 있고, 양이 자라남(復:☷)에는 매일 1/30씩 자라나 또한 한 달에 다 자랄 수 있기 때문에 복괘(復:☷)괘의 한 양이 갑자기 바로 생기는 것이 아니라 바로 곤괘(坤:☷)에서 쌓여서 온 것이다. 소설 이후에 하루에 1분씩 대설을 걸쳐 모두 30일에 30분이 나온 다음에 동지에서 하나의 양을 이룬다. 구괘(姤:☰)의 음은 소만에서 나와 30일이 쌓인 다음에 하지에서 하나의 음을 이룬 것이다."라고 하였다.

 其言深合至理. 一日十二時, 一時分初四刻正四刻百廿分, 均逐漸轉移, 用事多寡比例, 由是分別, 前曾於滴天髓徵義中, 略加按語, 可參閱之. 須以意會.

若刻舟求劍, 決無是處.

그 말이 지극한 이치에 깊이 합한다. 하루 12시진에서 한 시진을 초사각初四刻과 정사각正四刻 120분으로 나눔에 모두 점차로 나아감을 용사의 많고 적음에 비례해서 이렇게 분별했으니, 앞에서 일찍이 『적천수징의』에서 대략 밝히는 말을 더했으니 참고해야 할 것이다. 반드시 뜻으로 이해해야 한다. 배에 표시를 해서 검을 찾는다면 결코 그곳을 찾지 못할 것이다.

木旺於春, 以春分爲分界, 春分之前, 甲木用事, 春分之後, 乙木用事.
火土旺於夏, 以夏至爲分界, 夏至之前, 丙戊用事, 夏至之後, 丁己用事.
金旺於秋, 以秋分爲分界, 秋分之前, 庚金用事, 秋分之後, 辛金用事. 水旺於冬, 以冬至爲分界, 冬至之前, 壬水用事, 冬至之後, 癸水用事.

목木은 봄에 왕성한데 춘분이 경계로 그 이전에는 갑목甲木이 용사하고 그 후에는 을목乙木이 용사한다. 화火와 토土는 여름에 왕성한데 하지가 경계로 그 이전에는 병丙과 무戊가 용사하고 그 이후에는 정丁과 기己가 용사한다. 금金은 가을에 왕성한데 추분이 경계로 그 이전에는 경금庚金이 용사하고 그 이후에는 신금辛金이 용사한다. 수水는 겨울에 왕성한데 동지가 경계로 그 이전에는 임수壬水가 용사하고 그 이후에는 계수癸水가 용사한다.

此其大別也. 三春爲木主旺之時, 寅宮甲丙戊並用, 長生之力用, 較之臨官, 爲四與六之比例, 並非甲木用事之時. 丙火退處於無權也, 戊土寄生. 寄者, 附於火也. 特義有先後, 丑寅同屬艮卦, 艮土也, 丑爲土專旺之地, 初交立春, 土未消滅, 丑宮爲己土, 氣轉陽和, 隨丙火化成戊土. 迨雨水之後, 甲木日盛, 土氣日漸崩潰, 謂爲初春丙戊用事, 雨水後甲丙用事, 亦無不可. 特劃分日期, 則過於拘泥矣. 初春陽回大地, 丙火爲先, 十日後木神臨官, 又以甲木爲旺.

이것은 크게 구별한 것이다. 삼춘三春에는 목木이 주로 왕성한 때로 인寅궁의 갑병무甲丙戊가 나란히 용사하는데, 장생長生의 힘으로 용사하는 것은 임관臨官에 비교하면 4와 6의 비례이니 결코 갑목甲木이 용사하는 때가 아닌 것이다. 병화丙火는 권력이 없는 곳으로 물러나 있고, 무토戊土는 의지해서 나온다. 의지한다는 것은 화에 기댄다는 것이다. 특히 의미에 선후가 있으니 축인丑寅은 간괘艮卦에 속하는데, 간艮은 토土이다. 축은 토가 오로지 왕성한 곳으로 처음 입춘을 맞아 토土 미未가 소멸하니, 축丑 궁은 기토己土로 기운이 봄날의 따스함으로 병화丙火를 따라 무토戊土로 변화시켜 만드는 것이다. 우수 후에 갑목甲木이 날로 성대해지면 토土의 기운이 날마다 점차로 붕괴되니, 이른 봄에 병丙과 무戊의 용사를 한다고 하는데, 우수 후에는 갑甲과 병丙의 용사는 또한 되지 않음이 없다. 특히 그 기간을 나누는 것은 꽉 막힌 것보다 지나치다. 이른 봄에는 태양이 대지로 돌아오니 병화丙火가 우선이고, 10일 후에는 목木의 신神이 임관臨官하니 또 갑목甲木이 왕성하다.

寅卯辰皆東方, 辰亦木也. 辰宮戊乙癸用事, 乙木餘氣與戊土專旺較, 爲三與六之比例. 辰又爲水之墓庫, 墓者, 落日餘暉, 返映之光, 其力最 爲薄弱. 較之戊土, 爲一與六之比, 較之乙木餘氣, 爲一與三之比. 然在淸明後十日內, 乙木餘氣未衰, 癸水亦有微力. 十日之後, 木氣愈衰, 土氣漸旺, 而水亦愈竭, 故穀雨之後, 乙癸均無力, 戊土專旺, 卽朱子逐漸進退之意也. 乙木在辰月初旬爲可用, 中旬後爲不可用, 癸水力用最爲微薄, 非見壬癸出干, 申子會合, 則不能用, 正以力有强弱故也.

인묘진寅卯辰은 모두 동방이고 진辰도 목木이다. 진辰궁에서는 무을계戊乙癸가 용사하고, 을목乙木 여기는 무토戊土와 비교하면 3과 6의 비례이다. 진辰은 또 수水의 묘고墓庫인데, 묘墓는 해가 떨어지고 남은 빛이고 되비치는 빛으로 그 힘이 가장 약한 것이다. 무토戊土에 비교하면 1과 6의 비례이고, 을목乙木의 여기와 비교하면 1과 3의 비례이다. 그러나 청명 다음 10일 안에는 을목乙木의 여기가 쇠약하게 되지 않아 계수癸水도 미력하다. 10일 후에는 목기木氣가 더욱 쇠퇴해서 토기土氣가 점차로 왕성해지고, 수水도 더욱 고갈되기 때문에 곡우 후에는 을乙과 계癸가 모두 힘이 없고 무토戊土만 왕성하니, 바로 주자의 점차로 진퇴한다는 의미이다. 을목乙木은 진辰월 초순에 쓸 수 있고 중순 다음에는 쓸 수 없으며, 계수癸水는 힘으로 쓰기에는 가장 미약해서 임壬과 계癸가 천간에 있지 않고 신자申子가 함께 모여 있지 않다면 쓸 수 없으니, 바로 힘에는 강약이 있기 때문이다.

寅申巳亥爲四生四祿之地, 然寅申與巳亥有別. 寅申爲陽長生, 巳亥爲陰長生. 寅宮甲丙, 申宮壬庚, 皆勢力並行. 巳宮庚金長生, 與旺火燥土同宮, 較之臨官之丙戊, 不過二與八之比而弱, 三命通會, 巳宮庚金五日, 丙戊共廿五日. 如無酉丑會合, 不足爲用.

인신사해寅申巳亥는 네 생지에 네 건록의 곳이지만 인신寅申과 사해巳亥는 구별된다. 인신寅申은 양의 장생지이고 사해巳亥는 음의 장생지이다. 인寅궁의 갑병甲丙과 신申궁의 임경壬庚은 모두 세력이 병행한다. 사巳궁에는 경금庚金이 장생하지만 왕성한 화火가 토土를 말리는 것과 궁을 같이 하는데, 임관臨官의 병무丙戊와 비교하면, 불과 2와 8로 비교되어 약하니, 『삼명통회』에서는 사巳궁의 경금庚金은 5일이고, 병무丙戊는 함께 25일이다. 유축酉丑과 함께 합하지 않는다면 쓸 수 없다.

亥宮甲木初萌, 而寒威壓迫, 其微弱與巳宮庚金同. 夫母旺子生, 巳宮戊土臨官, 故庚金長生, 亥宮壬水臨官, 故甲木長生. 二者相較, 甲木略勝, 故亥宮之甲得戊己制, 即可顯其用. 而巳宮庚金, 非有水制火潤土, 不足以自存也.

해亥궁에서는 갑목甲木이 처음으로 싹텄는데, 차가운 위엄으로 압박하니 그 미약함이 사巳궁의 경금庚金과 같다. 어미가 왕성하면 자식이 나오는데, 巳궁에는 戊土가 임관臨官이기 때문에 경금庚金이 장생하고, 해亥궁에는 임수壬水가 임관臨官이기 때문에 갑목甲木이 장생한다. 두 가지를 서로 비교하면 갑목이 대략 우세하기 때문에 해亥궁의 갑목甲木은 무기戊己의 제재를 당해도 바로 그 쓰임을 드러낼 수 있고, 사巳궁의 경금庚金은 수水가 화火를 제압해 토土를 윤택하게 하지 않으면 자존할 수 없다.

十二宮人元之力用, 要以意爲輕重. 辰丑皆濕土, 辰宮癸水之力用甚薄, 以其有旺土吸收也. 丑宮癸辛之力用, 則非輕微, 蓋濕土生金, 金又 生水, 生生不息, 力用自增也. 戌未皆燥土, 並有餘氣. 墓庫之火生土, 故四季之土, 戌未皆旺, 而未月爲尤旺. 未月木火土相生, 無洩無剋故也. 此中微細辨別, 要在意會, 一一列舉, 反生拘執. 豈可以日期多寡强爲分別乎.

12궁에서 인원人元이 힘을 쓰는 것은 요컨대 뜻으로 경중을 삼아야 한다. 진축辰丑은 모두 축축한 토土이지만 진辰궁에서 계수癸水가 힘을 쓰는 것은 아주 적으니, 그것은 왕성한 토土가 흡수했기 때문이다. 축丑궁에서 계신癸辛이 힘을 쓰는 것은 경미하지 않으니, 금金이 또 수水를 생함으로 생하고 생하는 것이 쉬지 않아 힘을 쓰는 것이 저절로 크게 되기 때문이다. 술미戌未는 모두 메마른 토土로 다 여기가 있다. 묘고墓庫에서 화火가 토土를 생하기 때문에 사계四季의 토에서 술미戌未가 모두 왕성하다. 미월未月에는 목화토木火土가 서로 생하고 누설하는 것도 없고 극하는 것도 없기 때문이다. 이런 가운데 세세한 분별은 마음으로 이해해야 하고, 하나하나 예를 드는 것은 도리어 장애가 될 수 있으니, 어찌 기간의 다과를 가지고 억지로 분별하겠는가?

司令之用雖不能劃分日期, 而後先之間, 關係頗重, 如,

사령이 쓰이는 것은 기간을 구분할 수 없을지라도 선후의 사이에 관계는 아주 중요하니 다음과 같다.

一. 節氣交脫之際, 假令生於戊寅年正月初五日戌時, 是日戌初一刻八分交立春節, 節前爲丁丑年癸丑月, 節後爲戊寅年甲寅月. 在此種場合, 要當以司令之神爲準, 而不能拘執年干支之字樣以爲斷.

1. 절기가 들어가고 나가는 사이는 가령 무인戊寅년 정월正月 5일 술시戌時에 태어났다면, 이날 술시 처음 일각 8분에 입춘절로 들어가니, 절 이전은 정축丁丑년 계축癸丑월이고, 절 이후는 무인戊寅년 갑인甲寅월이다. 이런 종류의 상태에서는 사령의 신을 기준으로 해야 하고, 연의 간지 글자의 형태에 얽매여 판단할 수 없다.

二. 上下半月進氣退氣之分, 如生於立春後十日內, 丙戊之氣已至, 而甲木未旺. 雨水之後, 甲木當旺, 丙火勢力並行, 而戊土微矣.

2. 위아래로 반달은 나아가는 기운과 물러나는 기운의 분기점으로 이를테면 입춘 후 10일 안에 태어났다면 병무丙戊의 기운이 이미 이르렀으나 갑목甲木은 아직 왕성하지 않다. 우수의 뒤에는 갑목甲木이 당연히 왕성하고, 병화丙火의 세력은 병행되며, 무토戊土는 미약하다.

上下半月, 以辰戌丑未四季月關係尤重. 如生於六月, 大暑前丁巳當旺, 金水干支雖多, 只作弱論, 以其未進氣也. 如生在大暑後, 金水進氣, 即作旺論. 生於十二月, 大寒前木火雖多, 亦弱, 大寒後二陽進氣, 即以旺論矣.

위아래로 반달은 진술축미辰戌丑未 네 마지막 달의 관계로 아주 중요하다. 이를테면 6월에 태어났다면 대서 전에는 정사丁巳가 당연히 왕성해서 금수金水의 간지가 많을지라도 약할 뿐이라고 말하니, 그것은 나아가는 기운이 아니기 때문이다. 이를테면 대서 후에 태어났다면 금수金水가 나아가는 기운이니 곧 왕성하다고 말한다. 12월에 태어났다면 대한 전에는 목화木火가 많을지라도 약하고, 대한 후에는 두 양이 나아가는 기운이니 곧 왕성하다고 말한다.

更宜參酌分野南北, 如生於穀雨後, 立夏前, 在南方火已漸旺, 在北方火未至也, 生於霜降後, 立冬前, 在北方水已漸旺, 南方水未至也. (參閱論分野篇) 凡此皆宜意爲抑楊, 南北壤地萬里, 增減之間, 礙難劃定程式. 滴天髓云, 進兮退兮抑楊, 神而明之, 存乎其人.

다시 분야의 남북을 참작해야 하니, 이를테면 곡우 후 입하 전에 태어났다면 남방의 화火는 이미 점차로 왕성해지고 북방의 화火는 아직 이르지 않은 것이고, 상강 후 입동 전에 태어났다면 북방의 수水는 이미 점차로 왕성해지고 남방의 수水는 아직 이르지 않은 것이다. (「분야를 논함」을 참고하라.) 이런 것들은 모두 뜻으로 나누어야 하는데, 남북의 영토는 만 리로 증멸하는 사이를 규정해서 정하기 어렵다. 『적천수』에서 "나아가고 물러남을 나눔에 신묘하게 해서 밝히는 것은 사람에게 달려 있다."라고 하였다.

```
              60 50 40 30 20 10
   壬 甲 丙 甲    壬 辛 庚 己 戊 丁
   申 申 寅 申    申 未 午 巳 辰 卯
       乙 癸
       丑 未
```

鄔誌豪命, 生於光緖十年正月初八日申時. 是日申正三刻一分交立春節, 如生於節前, 應作癸未年乙丑月. 然年以寅爲歲首者, 藉立春節爲上下兩年之分界耳. 天道密移, 氣漸轉換, 冬至之後, 已屬甲年, 子丑寅月之遁干,同從甲起. 立春時節爲三陽將進未進之時, 陽和之氣早已發動, 且鄔生於寧波北緯二十九度, 屬於楊州分野, 應作甲申年丙寅月推算, 卽使排作癸未年乙丑月.

오지호의 명조로 광서 10년 정월 8일 신시에 태어났다. 이날 신신시 정삼각 1분에 입춘절로 들어가니, 그 전에 태어났다면 당연히 계미癸未년 을축乙丑월이다. 그런데 연에서 인을 세수로 하는 것은 입춘절로 위아래 두 해의 경계를 삼기 때문이다. 천도는 정밀하게 옮겨가고 기운은 점차로 전환되어 동지 후에는 이미 갑년에 속하니, 자축인子丑寅월의 둔간遁干은 동일하게 갑에서 일으킨다. 입춘 시절은 세 양이 나아가려 하지만 아직 나아가지 못한 때여서 태양의 따스함이 일찍이 이미 발동했고, 또 오지호는 북위 29도인 영파에서 태어나 양주 분야에 속하니, 갑신甲申년 병인丙寅월로 추산하고, 곧 계미癸未년 을축乙丑월로 하는 것을 배척해야 한다.

寒木向陽, 亦當取火爲用也. 此造天干梟印奪食, 地支三申冲寅, 殊非佳朕. 所好者, 寅宮甲丙並透, 體用同宮, 生旺之氣, 蓬蓬勃勃耳. 但干剋支冲, 太不寧靜, 驚風駭浪起倒無常. 運行南方, 用神 得地, 僅得外象虛榮. 壬申年雖未脫午運, 太歲干支同時, 名晦氣煞, 加以雙冲月令, 用神被傷, 一敗塗地, 不可收拾. 接行辛運羈合丙火用神掙

차가운 복목이 태양을 향하는 것은 또한 화화로 용신을 삼아야 한다. 그런데 이 명조의 천간에서는 효인이 식신을 빼앗았고, 지지에서는 세 신申이 인寅을 충하니 전혀 아름다운 조짐이 아니다. 좋은 것은 인寅궁에서 갑병甲丙이 함께 천간에 있어 체용이 같은 궁이고 생왕의 기운이 생기발랄하다. 단지 간지는 극하고 지지는 충이어서 전혀 편안하고 고요하지 않다.

驚風駭浪起倒無常, 運行南方, 用神得地, 僅得外象虛榮. 壬申年雖未脫午運, 太歲干支同時, 名晦氣煞, 加以雙沖月令, 用神被傷, 一敗塗地, 不可收合. 接行辛運, 羈合丙火用神, 掙扎難起. 此造是否眞確, 所不可知, 就命論命, 藉以證明節氣交脫時之看法耳.

바람과 파도에 놀라 일어나고 쓰러지는 것이 일정하지 않다가 대운이 남방으로 흘러 용신이 있을 곳을 얻어 겨우 표면적으로라도 헛된 영화를 얻었다. 그런데 임신壬申년에는 오午 대운을 벗어나지 못했으나 태세와 간지가 시주와 같아 이름이 흐려지면서 기운이 살인데다가 월령에 쌍으로 충을 하니, 용신이 상처를 입음으로 완전히 망하고 수합하지 못했다. 신辛 대운으로 흘러가면서 병화丙火 용신을 끌어당겨 합해서 노력했으나 일어나기 어려웠다. 이 명조가 진실로 확실한지는 알 수 없으나, 명조로 운명을 논하는 것을 기반으로 절기의 들고 나는 시기를 보는 법에 대해 증명하려는 것이다.

```
                    51 41 31 21 11  1
    甲 辛 癸 壬      己 戊 丁 丙 乙 甲
    午 亥 卯 子      酉 申 未 午 巳 辰
```

生於民國元年二月十八日午時. 是日午初三刻十二分交清明節, 生於十二時前, 爲二月. 十二時後爲三月. 然不論其節前節後, 其爲乙木司令則一. 氣候逐漸轉移, 無遽變之理, 不必拘執字面之爲辰爲卯. 財多身弱, 一商人之造也.

민국 원년 2월 18일 오午시에 태어났다. 이 날 오午시 초 삼각 12분에 청명절로 접어드니, 12시 전에 태어나면 2월이고, 12시 후에 태어나면 3월이다. 그런데 그 절의 선후를 논할 필요 없이 그것이 을목 사령인 것은 동일하니, 기후가 점차로 바뀌고 갑자가 변하는 이치는 없으니, 글자가 표면적으로 진辰이 되고 묘卯가 되는 것에 얽매일 것은 없다. 재다신약財多身弱으로 어떤 상인의 명조이다.

此造如生在三月穀雨後, 戊土司令, 辛承正印, 母旺子相, 用壬甲, 富貴之造. 生在清明時節, 財多身弱, 不作此論. 又春夏辛金, 體質脆弱, 無用火之法. 午宮丁己與亥宮壬甲相合, 只作財印看. 亥卯會局, 甲木出干, 財雖旺身弱, 不能認爲缺點也.

이 명조가 만약 3월 곡우 뒤에 태어났다면, 무토戊土 사령으로 신

辛이 정인을 이어 모가 왕성하고 자식이 도와 임壬과 갑甲을 용신으로 하니 부귀한 명조이다. 청명의 시절에 태어났다면 재다신약財多身弱으로 이렇게 논할 수 없다. 또 봄과 여름에는 신금辛金이 체질이 취약해서 화火를 용신으로 하는 법이 없다. 오午궁의 정기丁己와 해亥궁의 임갑壬甲이 서로 합해 재와 인으로 된 것으로 본다. 해亥와 묘卯가 합으로 국을 이루었는데, 갑목甲木이 천간에 있어 재가 왕성하니, 자신이 약할지라도 결점으로 여길 수 없다.

```
                      60 50 40 30 20 10
丙 壬 丙 癸           庚 辛 壬 癸 甲 乙
午 寅 辰 巳           戌 亥 子 丑 寅 卯
      丁
      巳
```

生於光緒十九年三月二十日午時. 是日申刻交立夏節, 生於午時, 猶在三月, 然其人生於貴州, 北緯二十六度, 雖未交立夏, 丙火之氣早已至矣. 火旺土燥, 辰宮墓庫之水, 熬幹無餘, 應作丁巳月推之, 乃從才格也. 運至癸丑壬子, 從格還源, 流離顚沛, 不知所終. 此造如生在北方, 丙火未旺, 壬癸之氣猶存, 當作財多身弱看, 運行北方, 必爲大富翁矣. 此造並列於分野篇可參閱之.

광서 19년 3월 20일 오우시에 태어났다. 이 날은 신각申刻에 입하절로 들어서는데 오우시에 태어나 여전히 3월이다. 그런데 그 사람이 귀주에서 태어나 북위 26도로 아직 입하에 들어서지 않았으나 병화丙火의 기운이 이미 이르러 화火가 왕성하고 토土가 마름으로 진辰궁 묘고의 수水가 마르고 타버려 남은 게 없는 것은 정사丁巳월로 미루어야 하니, 바로 종재격이다. 계축癸丑·임자壬子 대운에는 종격이 본래의 상태로 돌아옴에 떠돌아다니며 고생했고 어떻게 인생을 마쳤는지 모른다. 이 명조가 북방에서 태어났다면 병화丙火가 아직 왕성하지 않고, 임계壬癸의 기운이 여전히 남아 있어 재다신약財多身弱으로 봐야 하고 대운이 북방으로 흘렀다면 반드시 큰 부자가 되었을 것이다. 이 명조는 분야편에 아울러 나열하였으니 참고해야 한다.

```
            56 46 36 26 16  6
癸 癸 乙 丙    辛 庚 己 戊 丁 丙
亥 酉 未 申    丑 子 亥 戌 酉 申
```

生於光緒廿二年六月初九日亥時. 大暑前三日, 金水之氣未進, 雖四柱之中, 金水佔其五, 不作旺論, 以扶身爲本, 而用印比. 若生在大暑之後, 金水進氣而旺, 當取食神生財爲用矣.

광서 20년 6월 9일 해亥시에 태어났다. 대서 3일 전으로 금金과 수水의 기운이 아직 나아가지 않아 비록 사주 가운데 금金과 수水가 그 다섯을 팔지 않을지라도 왕성한 것으로 말할 수 없으니, 자신을 돕는 것을 근본으로 인성과 비겁을 용신으로 한다. 대서 후에 태어났다면 금金과 수水가 나아가는 기운이어서 왕성하니, 식신이 재를 생하는 것을 취해 용신을 삼아야 한다.

以上三造, 均曾載滴天髓補注, 察司令之進退而作抑揚, 乃能有驗. 否則, 鮮不致誤. 茲更錄王剋敏與羅君兩造於下.

이상의 세 명조는 모두 『적천수보주』에 실렸던 것으로 사령의 진퇴를 살펴서 누르거나 높여야 증험할 수 있다. 그렇게 하지 않으면 잘못되지 않는 경우가 거의 없다. 이에 다시 왕극민과 나군 두 명조를 아래에 기록한다.

| 乙 壬 壬 丙 | 王剋敏造 | 왕극민의 명조 |
| 巳 申 辰 子 | 生於立夏前一日 | 입하 하루 전에 태어남 |

王羅兩造, 八个字全同. 兩君皆浙人, 分野亦同. 北緯廿九至三十度間. 以傷官生財爲用, 看法亦同. 王生於立夏前一日, 丙火之氣已進, 司令潛移, 當參照四月節氣. 造化元鑰云, 四月丙火司權, 專取壬水比助, 支成水局者大貴.

왕씨와 나씨의 두 명조는 여덟 글자가 완전히 같다. 두 사람은 모두 절강의 사람이어서 분야도 같고, 북위 29도에서 30도 사이이다. 상관이 재를 생하는 것으로 용신을 삼으니 보는 법도 같다. 왕씨는 입하 하루 전에 태어나 병화丙火의 기운이 이미 나옴으로 사령이 보이지 않게 이동하니, 4월의 절기를 참고해야 한다. 『조화원약』에서 "4월의 병화가 권력을 휘두르면 임수 비겁을 오로지 취해 도와주니, 지지에 수국을 이룬 것이 아주 귀하다."라고 하였다.

| 乙 壬 壬 丙 | 羅君緯東造 | 나군 위동의 명조 |
| 巳 子 辰 申 | 生於立夏前六日 | 입하 육일 전에 태어남 |

羅君生於立夏前六日, 正土旺用事之時, 柱無甲木, 壬丙之氣不淸, 蓋四柱雖不見戊己, 無形之中, 自有晦丙塞壬之患, 故僅爲商人. 然丙火時上得祿, 雖不貴而富也. 王造以壬水爲眞神, 羅造以甲木爲眞神, 進退之間, 富貴殊途. 今人學識未到, 而疑命理之無驗者, 此類是也.

나군은 입하 6일 전에 태어나 바로 토土의 왕성함이 용사할 때인데, 사주에 갑목甲木이 없고 임壬과 병丙의 기운이 맑지 않으니, 사주에 무戊와 기己가 없을지라도 형태 없는 가운데 스스로 병丙을 어둡게 하고 임壬을 막는 우환이 있기 때문에 겨우 상인이 되었다. 그러나 병화丙火가 시에서 록을 얻으니 귀하지는 않을지라도 부유하다. 왕씨의 명조는 임수壬水가 진신眞神이고, 나군의 명조는 갑목甲木이 진신眞神이니, 진퇴하는 사이에 부귀의 길이 다르다. 요즘 사람들의 학식이 미치지 못해 명리에 증험이 없다고 의심하는 것들에는 이런 종류가 여기에 해당한다.

   本篇與論分野有相連關係, 學者宜並閱之.
여기의 편은 「분야를 논함」과 서로 관련되니, 배우는 자들이 모두 참고해야 한다.

7. 분야를 논함 상 [論分野上]

　　五行爲氣候之代名詞, 氣候之變遷對於人類之性情, 影响至巨, 此爲科學家所公認. 由性情而造成環境, 由環境以推測休咎, 此爲命理之根据. 氣候因時而異, 因地而異, 則分野尙矣.

　　오행은 기후의 대명사로 기후의 변화는 인류의 성정에 대해 영향이 아주 크니, 이것은 과학자들이 인정하는 것이다. 성정에 따라 환경을 조성하고 환경에 따라 화복을 추측하니, 이것이 명리의 근거이다. 기후는 시간에 따라 다르고 지역에 따라 다르니, 분야가 존중되는 것이다.

　　古者中原區域, 南達吳楚, (湖南江浙) 北至燕冀, (河北山西長城爲界), 西到益州, (成都) 東盡齊魯, (山東) 黃河長江兩流域, 尙未完, 閩廣雲貴川康內外蒙古, 均未入版圖, 範圍狹小, 方圓不過二三千里, 然因南北氣候之殊異, 貧賤富貴, 有不可一槪論者.

　　옛날 중원지역은 남쪽으로는 오오와 초초에 이르렀고 (호남과 강절), 북쪽으로는 연燕과 기冀에 이르렀으며 (하북의 산서장성이 경계임), 서쪽으로는 익주益州에 이르렀고 (성도), 동쪽으로 제齊와 노魯에 이르렀다. (산동) 황하와 장강의 두 언저리는 거의 불완전했고, 圉민·廣광·雲운·貴·귀·천강川康·내외몽고內外蒙古는 모두 판도에 들어가지 못하고 범위도 협소했으며, 둘레의 거리가 이삼천리에 불과하였지만, 남북의 기후의 아주 다름에 따라 빈천과 부귀를 한 가지로 개괄하여 논할 수 없는 것이 있었다.

何況現代海通四達, 歐美一家, 命理如僅能應用於中國, 而不能用於殊方異域之人, 則不成其爲學說. 若不明分野之理, 又何能泛應於無窮.

더군다나 현대에는 바다를 통해 사방으로 도달해서 구미가 한 집안이지만 명리는 중국에서나 겨우 응용할 수 있고, 이역타국의 사람들에게는 사용할 수 없으니, 학설이 될 수 없다. 분야의 이치에 분명하지 않고, 또 어떻게 무궁한 것에 까지 널리 응용할 수 있겠는가!

古代以二十八宿定分野. 周天三百六十度, 分爲十二宮, 每宮三十度. 卽以本宮之星座爲標準, 如子宮元枵丑宮星紀之類是也.

고대에는 28수로 분야를 규정했다. 360도를 주천함에 12궁으로 나눠 궁마다 30도로 했다. 곧 본궁의 성좌가 표준이었으니, 이를테면 자子궁의 원효元枵와 축丑궁의 성기星紀 같은 것들이 여기에 해당한다.

子(元枵) 丑(星紀) 寅(析木) 卯(大火) 辰(壽星) 巳(鶉尾)
자(원효) 축(성기) 인(석목) 묘(대화) 진(수성) 사(순미)

午(鶉火) 未(鶉首) 申(實沈) 酉(大梁) 戌(降婁) 亥(娵訾)
오(순화) 미(순수) 신(실침) 유(대량) 술(강루) 해(추자)

按, 書云, 子月, 日月會於元枵之次, 故以元枵爲子宮星座. 會者, 合朔之異名.

살펴보건대 책에서 "자월에는 해와 달이 원효의 자리에 모이기 때문에 원효를 자子궁의 성좌로 한다. 모인다는 것은 합삭合朔의 다른 이름이다.

更以二十八宿分配十二宮之度數古代天算. 如步天歌量天尺, 皆以是爲根据. 各地分野, 亦由是而定. 譬如片舟泛行於大海之中, 水天相接, 不知方所, 於是上測星象, 而知自身所在之處爲南爲北, 爲近何地, 以天空之星象, 爲假定的標準, 換言之卽經緯度也. 當時天算發明, 未臻完備, 故用二十八宿爲各地之標幟. 然以之論中原二三千里之方域, 則可, 若欲泛應全球, 勢將無法應用. 故在現代而論分野, 必須改用經緯度.

211

교대로 28수가 12궁에 배치된 도수가 고대의 천문역산이다.「보천가步天歌」와「양천척量天尺」같은 것들은 모두 이것을 근거로 한 것이고, 각 곳의 분야도 이것으로 정했다. 비유하자면 작은 배가 큰 바다로 떠다니는 가운데 물과 바다가 서로 만나도 어느 곳인지 모르면, 이 때 위로 성상星象을 관측해서 자신이 있는 곳이 남인지 북인지 어디가 가까운 곳인지 알았던 것처럼, 하늘의 성상으로 가정한 표준을 삼았으니, 바꿔 말하면 바로 경도와 위도이다. 당시에는 천문역산의 발명이 완전하게 구비되지 않았기 때문에 28수를 가지고 각지의 표준을 삼았던 것이다. 그런데 그렇게 중원의 이삼 천리의 방역을 논하는 것은 괜찮지만, 전체 지구에 널리 응용하고자 한다면 사정상 응용할 방법이 없다. 그러므로 현대에서는 분야를 논해야 반드시 경도와 위도로 고쳐서 사용할 수 있다.

1) 경도와 위도의 선[經緯線]

經緯線者, 在地球表面所畵之想像線也. 從南北兩極距離相等之點. (卽中部)作一大圈, 謂之赤道. 依此畵平行之圖線曰緯線, 赤道與兩極間, 各分九十度, 每度六十分, 每分六十秒. 緯線以赤道爲基本, 而別南北, 卽以赤道爲零度, 在北曰北緯幾度. 在南曰, 南緯幾度. 又近兩極曰高緯度, 近赤道曰低緯度.

경도와 위도의 선은 지구 표면에 그린 상상의 선으로 남북의 두

극에서 거리가 서로 같은 점이니, (곧 중앙부에) 큰 하나의 구역을 만들어 그것을 적도라고 한다. 이 책에서 평행으로 그린 선을 위도의 선이라고 하고, 적도와 양극 사이에 각기 90도를 나누며 하나하나의 도는 60분이며, 하나하나의 분은 60초이다. 위도의 선은 적도를 기본으로 남북으로 나누니, 곧 적도는 0도이고, 북쪽에서는 북위 몇 도라고 하고 남쪽에서는 남위 몇 도라고 하며, 또 양극에 가까운 곳을 고위도라고 하고, 적도에 가까운 곳을 저위도라고 한다.

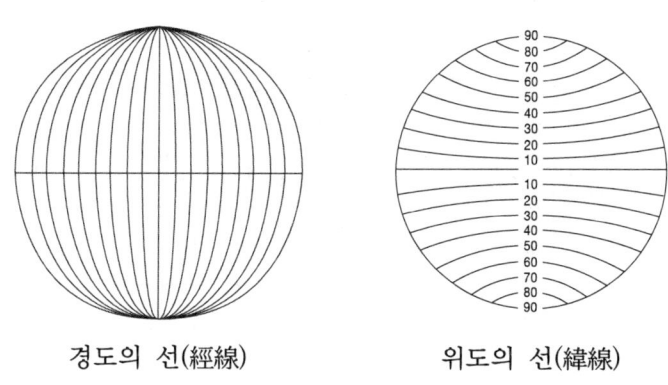

경도의 선(經線)　　　　위도의 선(緯線)

經線者, 貫通兩極之一大圈也, 與緯線向交, 而走南北之方向, 故又稱子午線. 經線於赤道之圓周, 分爲三百六十度, 更分爲分秒與緯線同. 經度起算, 普通以通過英國格林威治觀象台之子午線定爲中線, 又稱本初子午線. 以此計算東西, 在東曰東經幾度, 在西曰西經幾度, 各自零度起, 而相遇於百八十度.

경도의 선은 양극의 관통하는 하나의 큰 구역으로 위도의 선과 교차로 나아가며 남북의 방향으로 뻗어 있기 때문에 또 자오선子午線이라고 한다. 경도의 선은 적도의 원주에서 360도로 나누고, 다시 분초로 나누는 것은 위도의 선과 같다. 경도의 선은 계산할 때는 보통 영국 그리니치 관상대의 자오선을 가지고 중간의 선으로 정하니, 또 본래 처음의 자오선이라고 한다. 이것을 기준으로 동서로 계산해서 동쪽에서는 동경 몇 도, 서쪽에서는 서경 몇 도라고 하면서 각기 영도에서 시작하고 서로 180도에서 만난다.

중국 각지 경도와 위도의 표[中國各地經緯度表]

지명 地名	동경 東經	북위 北緯	시간 時分	지명 地名	동경 東經	북위 北緯	시간 時分
남경 南京	118° 47′	32° 04′	7. 55. 1	곤명 昆明	102° 51′	25°	6. 51. 4
철강 鐵江	119° 25′	32° 13′	7. 57. 1	귀양 貴陽	103° 36′	26° 30′	7. 06. 4
회녕 懷寧	117° 02′	30° 37′	7. 48. 1	천란 泉蘭	103° 52′	36° 08′	6. 55. 5
남창 南昌	115° 51′	28° 37′	7. 43. 4	영하 寧夏	106° 15′	38° 30′	7. 05
항현 杭縣	120° 10′	30° 18′	8. 00. 6	승덕 承德	117° 54′	41°	7. 51. 6
민후 閩侯	119° 27′	26° 02′	7. 57. 8	장북 張北	114° 49′	40° 48′	7. 39. 3

무창 武昌	114° 11′	30° 35′	7. 36. 7	귀수 歸綏	111° 38′	40° 48′	7. 26. 5
장사 長沙	112° 46′	28° 13′	7. 31. 1	심양 瀋陽	123° 43′	41° 51′	8. 24. 9
번우 番禺	112° 55′	23° 06′	7. 31. 6	길림 吉林	125° 55′	34° 47′	8. 27. 7
계림 桂林	110° 14′	25° 13′	7. 20. 9	용강 龍江	123° 57′	47° 46′	8. 15. 8
천진 天津	117° 07′	39° 07′	7. 48. 5	고륜 庫倫	126° 57′	47° 58′	7. 07. 8
개봉 開封	114° 32′	34° 52′	7. 38. 1	적화 迪化	88° 32′	23° 27′	5. 54. 1
역성 歷城	117° 08′	36° 45′	7. 38. 5	서녕 西寗	101° 49′	36° 34′	6. 47. 3
곡 曲	112° 31′	37° 54′	7. 30	강정 康定	102° 13′	30° 03′	6. 48. 9
장안 長安	108° 55′	34° 16′	7. 15. 6	포달랍 布達拉	91° 38′	30° 30′	6. 06. 5
성도 成都	104° 12′	30° 41′	6. 5. 88	찰십륜포 札什倫布	89° 08′	30°	

經度每度時差四分, 十五度一小時時分. (照本初子午線零分, 合各地時分, 如南京爲七時五十五, 又十分之一也.)

경도에서 1도의 시차는 4분의 시간이니, 15도가 1시간이다. (처음의 자오선 0분을 근본으로 각 곳의 시간을 비춘 것이니, 이를테면 남경은 7시 55분에 또 1/10이다.)

2) 다섯 기후대[五帶]

　　地球繞日而行, 自轉本軸一周爲一日, 須二十四小時, 因爲有晝夜之別, 繞太陽一周爲一年, 須三百六十五日五時四十八分四十八秒. 因有四季之分.

　　지구는 태양을 돌아 운행하면서 본축을 자전해서 한 번 도는 것이 하루로 반드시 24시간인데 이 때문에 주야의 구분이 있고, 태양을 한 번 도는 것이 1년으로 반드시 365일 5시간 48분 8초인데, 그 때문에 사계의 구분이 있다.

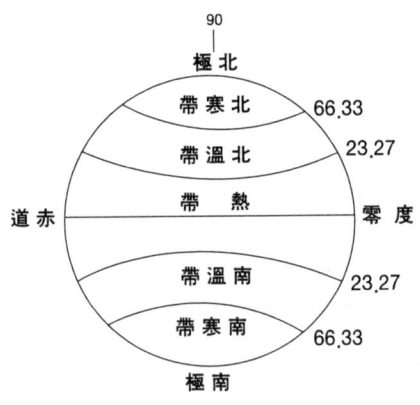

　　地球自轉之軸, 永遠不變. 依所轉方向, 將地球平分作一大圈, 名曰赤道. 距赤道北九十度者曰北極, 距赤道南九十度者曰南極. 距赤道南北二十三度二十七分各作一圈, 與赤道平行, 在北者曰夏至線. 距南北極二十三度二十七分, 亦各作一圈, 與赤道平行, 近北極者曰北極圈, 近南極者曰

南極圈. 地之居兩至線之間者曰熱帶, 居北極圈與夏至線之間者曰北溫帶, 居南極圈與冬至線之間者曰南溫帶, 其居北極圈內者曰北寒帶, 居南極圈內者曰南寒帶.

지구가 자전하는 축은 영원히 변하지 않는다. 자전하는 방향에 따라 지구를 하나의 큰 영역으로 균등하게 구분하여 적도라고 한다. 적도에서 북쪽으로 90도 떨어진 것을 북극이라고 하고, 적도에서 남쪽으로 90도 떨어진 것을 남극이라고 한다. 적도에서 남북으로 23도 27분 떨어진 것을 각기 하나의 영역으로 적도와 평행으로 북쪽에 있는 것을 하지선이라고 한다. 남극과 북극에서 23도 27분 떨어진 것을 또 하나의 영역으로 적도와 평행으로 북극에 가까운 것을 북극권이라고 하고 남극에 가까운 것을 남극권이라고 한다. 땅이 두 지선至線의 사이에 있는 것을 열대라고 하고, 북극권과 하지선의 사이에 있는 것을 북온대라고 하며, 남극권과 동지선의 사이에 있는 것을 남온대라고 하고, 북극권 안에 있는 것을 북한대라고 하며, 남극권 안에 있는 것을 남한대라고 한다.

熱帶區, 一年日光兩次正射其頂, 故氣候炎熱, 寒帶區, 日光照至赤道之南, 則北極圈內半年無光, 日光照至赤道之北, 則南極圈內半年無光, 故氣候寒冷. 溫帶之地, 日光不能正射其頂, 亦不至一日無光, 故氣候溫和. 中國地處北溫帶, 其入熱帶者, 惟廣東南部而已.

열대지역은 1년에 일광이 두 차례 그 꼭대기로 바로 비추기 때문에 기후가 타는 듯이 뜨겁고, 한대지역은 일광이 적도의 남쪽으로 오면 북극권 안에 반년 동안 햇빛이 없고, 일광이 적도의 북쪽으로 오면 남극권 안에 반년 동안 햇빛이 없기 때문에 기후가 차갑다. 온대지역은 일광이 그 꼭대기로 바로 비출 수 없고 또 하루도 햇빛 없는 날이 없기 때문에 기후가 온화하다. 중국은 땅이 북온대에 있어 열대로 들어가는 곳은 광동의 남부뿐이다.

地球繞日一周謂之一歲, 而一歲之中, 氣候之不齊, 旣由我人所處之地帶不同, 亦由太陽光線直照斜照有別也. 蓋地球所行之軌道, 爲隨圓形, 日居其中心. 以北半球言之, 當地球離太陽最近時, 得斜射日光, 故氣候寒冷, 謂之冬至. 及其離太陽最遠時, 得正射日光, 故氣候炎熱, 謂之夏至. 由冬而夏, 地球行至冬至夏至軌道之間, 寒熱適中, 謂之春分. 由夏而冬, 地球行至夏至冬至之中, 氣候與春分等, 謂之秋分. 是爲四時, 自春分起算, 將周天分爲三百六十度, 則春分適當零度, 夏至九十度, 秋分一百八十度, 冬至二百七十度. 再將相距之九十度, 以六分之每分十五度, 自春分起至驚蟄順序名爲二十四節氣. 故合二十四節氣爲四時, 合四時以成歲也.

지구가 태양을 한 번 도는 것을 1년이라고 하는데, 1년 동안 기후가 고르지 않은 것은 이미 우리가 있는 지대가 같지 않는 것 때문이고 또 태양의 광선이 바로 비치고 옆으로 비치는 차이 때문이다. 지구가 운행되는 궤도는 원형으로 이어가는 것인데 태양이 그 중심에 있다. 북반구로 말하면 지구가 태양과 가장 가까운 거리일 때가 일광을 비스듬하게 받는 것이기 때문에 기후가 차가워서 그것을 동지라고 한다. 태양과 가장 먼 거리일 때가 일광을 바로 비추기 때문에 기후가 타는 듯이 뜨거워서 그것을 하지라고 한다. 겨울에서 여름이 되는 것은 지구가 동지와 하지의 궤도 사이에 이르러 차가운 것과 뜨거운 것의 한 가운데가 춘분이다. 여름에서 겨울이 되는 것은 지구가 하지와 동지의 가운데로 이르러 기후가 춘분과 같은 것을 추분이라고 한다. 이것을 사시라고 하는데, 춘분에서 계산해서 하늘을 도는 것을 360도로 나누면, 춘분이 영도에 해당하고 하지가 90도, 추분이 180도, 동지가 270도이다. 다시 서로 떨어진 90도를 6으로 나눈 각 15도씩을 가지고 춘분에서 경칩까지 일으키며 순서대로 이름 붙인 것이 24절기이다. 그러므로 24절기를 합한 것이 사시이고 사시를 합해 한 해가 되는 것이다.

　按西歷自春分起算．我國舊曆，自冬至起算，周天分三百六十度，以冬至爲零度．春分九十度，夏至一百八十度，秋分二百七十度，至冬至三百六十度．滿度爲零，再從冬至起．立式雖異，算法實同．以上兩節摘錄商務本百科全書．關於氣候至重，我人研究分野必以是爲根據，乃命理之基本知識也．由上述之知識，可得下列之論斷．

살펴보건대, 서양의 책력은 춘분에서 계산한다. 우리나라의 옛 책력은 동지에서 계산하고, 하늘을 도는 것을 360도로 나누니, 동지가 영도이고, 춘분이 90도이며, 하지가 180도이고, 추분이 270도이며, 동지가 360도이다. 도를 모두 채운 것은 영도이니, 다시 동지에서 일으킨다. 세우는 방식이 다를지라도 계산은 실로 같다. 이상의 두 구절은 상무본백과전서에서 인용했다. 기후에 관련된 것은 아주 중요하니, 우리의 연구분야에서 반드시 이것을 근거로 하는 것은 바로 명리의 상식이다. 앞에서 기술한 상식에 따라 아래처럼 말할 수 있다.

(1) 경도와 명리의 관계 [經度與命理之關系]

寒暑者, 太陽直照與斜照之分別也. 冬至一陽生, 乃太陽自南而北之始, 由斜射而直照也. 夏至一陰生, 乃太陽自北而南之始, 由直照而斜照也. 我人所居爲北半球, 若居南半球則反是. 北溫帶之夏季, 正南溫帶之冬季, 北溫帶之冬季, 正南溫帶之夏季也. 現代通行之歷, 爲世界公歷. 冬至節, 約在一月一日之前十日. 若在南溫帶, 適爲夏至之前十日. 春夏秋冬之氣候, 適居於相反之地位. 更有熱帶之地, 太陽光線終年直射, 有木火土而無金水, 寒帶之地, 太陽光線終年斜射, 有土金水而無木火. 此兩處地帶, 應如何推算, 姑暫置緩論. 從北緯二十三度半至六十六度半(夏至線至北極圈), 其間有四十三度之距離, 而舊日中原區域, 爲北緯二十八度(長沙)至四十度(八達嶺長城界), 其間距離僅十二度, 相差達三十一度之多, 以今視昔, 則二十八宿之分野, 渺乎其小, 眞所謂坐井觀天望洋興歎已.

춥고 덥다는 것은 태양이 바르게 비추고 기울게 비추는 차이다. 동지에 하나의 양이 나오는 것이 바로 태양이 남쪽에서 북쪽으로 오는 시작으로 기울게 비추는 것에서 바르게 비추는 것이고, 하지에 하나의 음이 나오는 것은 바로 태양이 북쪽에서 남쪽으로 오는 시작으로 바르게 비추는 것에서 기울게 비추는 것이다. 우리가 사는 곳은 북반구이니, 남반구에 산다면 이와 반대이다. 북온대의 하계는 바로 남온대의 동계이고, 북온대의 동계는 바로 남온대의 하계이다. 현대에 통용되는 책력은 세계의 공통된 책력이다. 동지의 절은 대략 1월 1월의 열흘 앞이다. 남온대에서라면 동일하게 하지의 열흘 앞이다. 춘하추동의 기후는 동일하게 서로 반대되는 위치에 있다. 다시 열대지대는 태양 광선이 1년 내내 바르게 비춰 목·화·토는 있으나 금·수는 없고, 한대지대는 태양 광선이 1년 내내 기울게 비춰 토·금·수는 있으나 목·화는 없다. 이 두 지대에 대해서는 어떻게 계산해야 하는지 잠시 접어두었다가 천천히 말하겠다. 북위 23도 반에서 66도 반까지(하지선에서 북극권까지) 그 사이에 43도의 거리가 있고, 옛날 중원구역에서는 북위 28도(장사)에서 40도(팔달령장성계)까지 그 사이의 거리가 거의 12도이니, 서로의 차이가 31도로 많다. 지금으로 옛날을 보면 28수의 분야는 아득하게 작아서 진실로 이른바 우물에 앉아 하늘과 바다를 바라보고 탄식하는 것이다.

雖然, 以經緯度定分野, 範圍雖廣, 有一總訣在, 則氣候是已. 古人所論, 皆舊中原之氣候, 若能明其理而擴充之, 又何處不可以推測者. 舊歷月份, 本隨氣候而定, 所謂節氣候, 以十五日爲一節, 十五日爲一氣. (又名中氣一月之中也.) 分全年爲十二節, 又十二氣, 節與氣相間而列, 共二十四節氣.

그럴지라도 경도와 위도로 분야를 정해 범위가 광대할지라도 소재를 하나로 총결하면 기후일 뿐이다. 옛날 사람들이 논한 것은 모두 옛날 중원의 기후인데, 그 이치를 밝혀서 확충할 수 있다면, 어디에 근거한들 추측할 수 없겠는가? 옛날의 책력에서 월의 시한은 본래 기후를 따라서 정했으니, 이른바 절節·기氣·후候로 15일이 하나의 절節이고, 15일이 하나의 기氣이다. (또 중기中氣라고 하는 것은 한 달의 가운데이기 때문이다.) 전체 1년을 12절과 또 12기로 해서 절과 기를 서로 사이로 해서 벌려놓으면 모두 24절기이다.

立春, 驚蟄, 淸明, 立夏, 芒種, 小暑, 立秋, 白露, 寒露, 立冬, 大雪, 小寒, 爲十二節.

입춘, 경칩, 청명, 입하, 망종, 소서, 입추, 백로, 한로, 입동, 대설, 소한이 12절이다.

雨水, 春分, 穀雨, 小滿, 夏至, 大暑, 處暑, 秋分, 霜降, 小雪, 冬至, 大寒, 爲十二中氣.

우수, 춘분, 곡우, 소만, 하지, 대서, 처서, 추분, 상강, 소설, 동지, 대한이 12중기이다.

五日爲一候, 三候爲一節, (或一中氣) 全年七十二候, 分列如下.
5일이 1후이고 3후가 1절이니 (혹 1중기임), 전체 한 해는 72후로 아래처럼 나눠진다.

立春節	東風解冰	蟄蟲始振	魚涉自冰
입춘절	동풍에 얼음이 녹음	겨울잠 자던 동물이 일어나기 시작	물고기가 얼음 밑에서 돌아다님
雨水(中氣)	獺祭魚	侯雁北	草木萌動
우수(중기)	수달이 물고기로 제사지냄	기러기가 북으로 감	초목의 싹이 틈
驚蟄節	桃始華	倉庚鳴	鷹化爲鳩
경칩절	복숭아가 꽃을 피우기 시작	꾀꼬리가 욺	매가 뻐꾸기로 변함
春分(中氣)	玄鳥至	雷乃發聲	始電
춘분(중기)	제비가 옴	우레가 소리를 냄	번개가 치기 시작
淸明節	桐始華	田鼠化爲	虹始見
청명절	오동이 꽃을 피우기 시작	들쥐가 메추라기로 변함	무지개가 나타나기 시작
穀雨(中氣)	萍始生	鳴鳩拂其	戴勝降於桑
곡우(중기)	부평초가 나오기 시작	산비둘기가 날개를 침	뻐꾸기가 뽕나무에 내려앉음

立夏節	螻蟈鳴	蚯蚓出	王瓜生
입하절	개구리가 움	지렁이가 나옴	오이가 나옴
小滿(中氣)	苦菜秀	靡草死	麥秋至
소만	씀바귀의 이삭이 핌	미초가 죽음	보리 수확기가 됨
芒種節	螳螂生	鵙始鳴	反舌無聲
망종절	사마귀가 나옴	때까치가 울기 시작	지빠귀가 울지 않음
夏至(中氣)	鹿角解	蜩始鳴	半夏生
하지(중기)	사슴의 뿔이 빠짐	매미가 울기 시작	반하가 나옴
小暑節	溫風至	蟋蟀居壁	鷹始摯
소서절	따뜻한 바람이 붐	귀뚜라미가 벽에 있음	매가 공격하기 시작
大暑(中氣)	腐草爲螢	土潤溽暑	大雨時行
대서(중기)	썩은 풀이 반딧불이가 됨	흙이 축축해지며 습하고 더움	소나기가 때에 따라 내림
立秋節	涼風至	白露降	寒蟬鳴
입추절	서늘한 바람이 붐	흰 이슬이 내림	애매미가 움
處暑(中氣)	鷹乃祭鳥	天地始肅	禾乃登
처서(중기)	매가 이제 새로 제사지냄	천지가 엄숙해지기 시작	벼가 이제 익음
白露節	鴻雁來	元鳥歸	羣鳥養羞
백로절	기러기가 옴	제비가 돌아감	여러 새들이 먹이를 갈무리함
秋分(中氣)	雷始收聲	蟄蟲坏戶	水始涸

추분(중기)	우레가 소리를 거두기 시작	겨울잠 자는 동물이 문을 가림	물이 마르기 시작
寒露節	鴻雁來賓	雀入大水爲蛤	菊有黃花
한로절	기러기가 손님으로 옴	참새가 큰물로 들어가 대합이 됨	국화에 노란 꽃이 있음
霜降(中氣)	豺乃祭獸	草木黃落	蟄蟲咸俯
상강(중기)	승냥이가 이제 짐승으로 제사지냄	초목이 시들어 떨어짐	겨울잠 자는 동물이 모두 웅크리고 있음
立冬節	水始冰	地始凍	雉入大水爲蜃
입동절	물이 얼기 시작	땅이 얼기 시작	꿩이 큰물로 들어가 무명조개가 됨
小雪(中氣)	虹藏不見	天氣上升地氣下降	閉塞成冬
소설(중기)	무지개가 나타나지 않음	하늘의 기운은 상승 땅의 기운은 하강	닫히고 막혀 겨움이 됨
大雪節	鶡鴠不鳴	虎始交	荔挺出
대설절	갈단이 울지 않음	호랑이가 교미하기 시작	여정이 나옴
冬至(中氣)	蚯蚓結	麋角解	水泉動
동지(중기)	지렁이가 엉김	순록의 뿔이 빠짐	샘물이 솟아남
小寒節	雁北鄕	鵲始巢	雉雊
소한절	기러기가 북쪽으로 감	까치가 집을 짓기 시작	꿩이 움
大寒(中氣)	雞乳	征鳥厲疾	水澤腹堅
대한(중기)	닭이 알을 낳음	매가 사납고 빨라짐	수택이 두텁고 단단하게 얾

此七十二侯之名稱, 卽所以表示氣溫之變化也. 舊中原區, 以河南爲中心. 然按之我江浙之氣候, 卽有不符, 如水澤腹堅者, 河沼之中, 澈底皆凍. 在北方有此現象, 在江浙雖在極寒之年, 不過浮面冰凍而已. 以氣候論之, 冬令須減少三候至六候, 而春夏秋三季, 各宜延長, 更證之以氣溫.

이것은 72후의 명칭으로 곧 기온의 변화를 표시하기 위한 것이다. 옛날의 중원의 구역은 하남이 중심이었다. 그러나 살펴보건대, 우리 강서의 기후는 곧 부합하지 않았으니, 이를테면 수택이 두텁고 단단하게 어는 것은 하소河沼의 가운데가 철저하게 모두 어는 것으로 북방에 이런 현상이 있고, 강소에서는 아주 추운 해일지라도 표면만 어는 것에 불과할 뿐이다. 기후로 논하면 겨울에는 반드시 3후에서 6후까지 감소시키고, 봄·여름·가을 세 끝 계절에서는 각기 연장해야 하니, 다시 기온으로 증명해야 하는 것이다.

(2) 중국각지의 기온표 [中國各地氣溫表]

攝氏. 此表錄自商務本百科全書, 並參以申報館本中國分省新圖平均氣溫表, 而成月份照國歷, 參閱新舊曆對照表.

섭씨. 이 표는 『상무본 백과전서』와 아울러 신보관본 『중국분성신도평균기온표』에서 기록했고, 월을 이루는 것은 나라의 역법에 의거하고 신구력 대조표를 참고했다.

	1월 소한 대한	2월 입춘 우수	3월 경칩 춘분	4월 청명 곡우	5월 입하 소만	6월 망종 하지	7월 소서 대서	8월 입추 처서	9월 백로 추분	10월 한로 상강	11월 입동 소설	12월 대설 동지
홍콩香港	15°	14.5	18	22.5	26	27.5	28	27.5	27	24	21	17.5
민주閩侯	8°	10	13	15.5	18	20	21	21	19	17	12.5	8
중경重慶	12°	11	14	17.5	23	27.5	29	29	27	22.5	17.5	13
한구漢口	9.5°	12	16	22	24	27	29	28	25	20	15	10
상해上海	3.8°	4.5	9.6	16.2	21.7	23.6	28.5	24.4	24.4	18.2	12.1	6.3
남경南京	3.1°	4	7.8	13.5	18.6	23	26.9	26.8	22.7	17.4	11.0	5.6
장안長安	-3°	4	8.2	14.1	19.9	24.1	27.3	27.2	22.5	17.3	10.3	4.7
하남河南	1°	3	10	17	22.5	27	28	27	22.5	15	7.5	2
청도青島	2°	4	10	17	24	28	29	27.5	24	18	12.5	3
양곡暘谷	0°	-2	7	12.5	17	21	25.5	25	22	15	9	2
북평北平	-7°	-1.7	6	13	20	23	26	22	17	10	2	-5
귀수歸綏	4.7°	-7	5	13.7	19.9	24.5	25	24.7	19.8	12.5	3.6	-2.6
심양瀋陽	-12°	-10	3	10	16	22	25	23	17	9	0	-10
北화洮化	-12°	-12.5	0	10	16	21	25	22	16	9	0	-10
빈강濱江	-15°	-15	-6	10	18	21	24	21	9	4	-6	-13
고륜庫倫	-19°	-18	-3	6	14	20	25	22.5	15	°6	-6	-16
고륜庫倫	-20°	-18	-10	2	6	18	12.5	15	7	-2	-10	-18

舊中原區域, 姑以北緯三十一度至四十度爲範圍, 今以開封(北諱三五)爲中心, 而比較之. 開封最低溫度在零上二度, (小寒大寒)較之歸綏, 適當驚蟄春分季節, 較之庫倫, 適當清明穀雨季節, 同爲零上二度也. 茲更以最高最低比較於下.

옛날에 중원 지역은 잠시 북위 30도에서 40도까지를 범위로 했었기에 이제 개봉開封(북위 35도)을 중심으로 비교하겠다. 개봉은 최저온도가 (소한과 대한에) 영상 2도로 귀수歸綏에 비교하면 경칩과 춘분 계절에 해당하고, 고륜庫倫에 비교하면 청명과 곡우 계절에 해당하니, 동일하게 영상 2도이기 때문이다. 이에 다시 최고와 최저로 아래처럼 비교한다.

북위도수 北緯度數	지명 地名	최고온도 最高溫度	개공과 비교 比較開封
41도	귀수歸綏	25도	同開封立夏小滿 或白露秋分節 개봉의 입하·소만이나 백로·추분절과 같음
48도	고륜庫倫	18도	同開封淸明穀雨 或寒露霜降節 개봉의 청명·곡우나 한로·상강절과 같음

북위도수 北緯度數	지명 地名	최저온도 最低溫度	개공과 비교 比較開封
24도	홍콩香港	15도	同開封春分 或立冬節 개봉의 춘분이나 입동절과 같음
26도	민후閩侯	11도	同開封驚蟄 或小雪節 개봉의 경칩이나 소설절과 같음
25도	중경重慶	9.5도	同開封驚蟄 或大雪節 개봉의 경칩이나 대설절과 같음

由此比較, 可知庫倫歸綏之炎夏, 等於中原春末夏初之氣候, 而香港閩侯等地之嚴冬, 等於中原秋末冬初之氣候. 由上推測, 更得下列結論.

이렇게 비교하면, 고륜庫倫과 귀수歸綏의 뜨거운 여름이 중원에서 늦봄과 초여름의 기후와 같고, 홍콩香港과 민후閩侯 등의 추운 겨울이 중원에서 늦가을과 초겨울의 기후임을 알 수 있다. 이렇게 추측하면 다시 아래처럼 결론을 낼 수 있다.

(一) 當旺時期之申縮. 愈北則木火當旺之期愈縮, 而金水當旺之時愈長. 愈南則木火當旺之期愈長, 而金水當旺之期愈短. 應作如下觀察.

왕성한 시기의 늘어나고 줄어듦. 북으로 갈수록 목木·화火가 왕성한 시기는 더욱 줄어들고, 금金·수水가 왕성한 시기는 더욱 늘어난다. 남쪽으로 갈수록 목木·화火가 왕성한 시기는 더욱 늘어나고, 금金·수水가 왕성한 시기는 더욱 짧아진다. 그러니 아래처럼 관찰해야 한다.

從北緯二十三度至二十六度間, 火土旺四個月, 水旺一個月, 金木各三個半月.

북위 23도에서 26도까지는 화火·토土가 네 달 왕성하고, 수水가 한 달 왕성하니, 금金·목木이 각기 석 달 반이다.

從北緯二十七度至三十度間, 火土旺四個月, 水旺兩個月, 金木各三個月.

북위 27도에서 30도까지는 화火·토土가 네 달 왕성하고, 수水가 두 달 왕성하니, 금金·목木이 각기 석 달이다.

從北緯四十一度至四十四度間, 水旺四個月, 火土旺兩個月, 金木各三個月.

북위 41도에서 44도까지는 수水가 네 달 왕성하고, 화火·토土가 두 달 왕성하니, 금金·목木이 각기 석 달이다.

從北緯四十五度至四十八度間, 水旺四個月, 火土旺一個月, 金木各三個半月.

북위 45도에서 48도까지는 수水가 네 달 왕성하고, 화火·토土가 한 달 왕성하며, 금金·목木이 각기 석 달 반이다.

(二) 力量之强弱. 愈北則金水之力愈强, 而火土之力愈弱. 愈南則火土之力愈强而金水之力愈弱. 如金水傷官, 生於冬令, 喜見官煞調候. 若生於三十度以上, 如香港閩侯等地, 不足以取貴, 以其氣候溫和不需要官煞也. 反之, 生於四十度以下各地則大貴. 愈北則貴愈巨, 以其需要迫切, 病重得藥, 反動之力亦巨也.

역량의 강약. 북으로 갈수록 금金·수水의 역량은 더욱 강해지고 화火·토土의 역량은 더욱 약해진다. 남으로 갈수록 화火·토土의 역량은 더욱 강해지고 금金·수水의 역량은 더욱 약해진다. 이를테면 금金·수水 상관이 겨울에 태어나 관살의 조후를 보는 것이 반갑다. 30도 이상에서 태어났다면 홍콩香港이나 민후閩侯 등의 지역과 같아 귀함을 취하기에 부족하니, 그 기후가 온화해서 관살이 필요하지 않기 때문이다. 반대로 40도 이하의 각 지역에서 태어났다면 아주 귀한 것이다. 북으로 더욱 가면 귀함이 더욱 크니, 필요가 절박한 것으로 중병에 약을 얻어 되돌아 움직이는 힘이 더욱 크기 때문이다.

　木火傷官生於夏令必須佩印，若生於南方(三十度上)則大貴．生於北方(四十度下)，火土炎爍之威本不劇烈，需要水潤不感覺其迫切，則其貴亦有不足也．生於五十度以下至六十六度間者，亦可以此理推之．至若赤道之下，北極圈內，劇寒劇暑，五行不全，天然氣候不適合人類生存之條件，姑置不論可也．

　목木·화火 상관이 여름에 태어나 반드시 인성을 두르고 있는데, (30도 위의) 남방에 태어났다면 아주 귀하다. (40도 아래의) 북방에서 태어났다면 화火·토土의 뜨거운 위험이 본래 크게 강하지 않아 적셔주는 수水의 필요가 절박하게 느껴지지 않으니, 그 귀함에도 부족함이 있다. 50도 이하에서 66도에서 태어난 경우도 이런 이치로 추측하면 된다. 심지어 적도의 아래와 북극권 안에는 너무 춥고 너무 더워 오행이 온전하지 못하고, 자연의 기후가 인류의 생존 조건에 적합하지 않으니, 잠시 접어두고 논하지 않아도 된다.

以上爲予理想之詞. 緯線一度約合一百公里而强. (一公里約合華里一七) 卽以中原區域論, 南北相距在一千公里以上, 其間氣候之長短强弱, 大有硏究之餘地, 希望各地同志, 能以實地經歷, 詳爲紀載, 撰集成書, 則於將來改進命理之學說, 大有神益也.

이상은 내가 이치로 상상한 말이다. 위도의 선에서 1도는 대략 100Km를 합해서 경계로 한 것이다. (1Km는 대략 8.5킬로미터에 합함) 곧 중원 구역으로 논하면 남북 거리는 1,000Km 이상이고, 그 사이의 기후의 장단과 강약은 크게 연구할 여지가 있으니, 각 지역에서 동일한 뜻으로 실지의 경험을 가지고 상세하게 기재하고 편찬하고 책을 만들 수 있으면, 앞으로 명리의 학설을 개진하는 데에 크게 도움이 될 것이다.

至若生於南溫帶內, 如澳洲南美洲等地者, 四時氣候, 適與我方相反. 我方之夏, 爲彼方之冬, 我方之春, 爲彼方之秋, 更宜就該地之季節以立論, 配合干支, 均宜就彼方之氣候推之. 譬如生於一月一日, 在我方爲冬至前十日, 仲冬水旺秉令, 而 在彼方爲夏至前十日仲夏火旺秉令, 若能實地以體察之, 其理固一貫相通也.

심지어 남온대에서 태어나 이를테면 오스트레일리아·남아메리카

등의 지역에서 태어난 경우에는 사시의 기후가 우리 쪽과 상반된다. 우리 쪽의 여름은 저들 쪽의 겨울이고, 우리 쪽의 봄은 저들 쪽의 가을이니, 다시 모든 지역의 계절을 가지고 논함에 간지와 배합해야 하고, 균등하게 저쪽의 기후를 가지고 추측해야 한다. 가령 1월 1일에 태어났다면 우리 쪽에서는 동지 10일 전으로 11월의 왕성한 수水가 권력을 휘두르고, 저들 쪽에서는 하지 10일 전으로 5월의 왕성한 화가 권력을 휘두르는 것이니, 실지로 몸소 살펴보면 그 이치가 진실로 일관되게 서로 통하는 것이다.

(3) 경도의 선과 명리의 관계 [經度與命理之關系]

緯線之關系在寒暑, 經線之關系在時刻. 換言之, 緯線之影響在月令, 諱線之影響在時支也. 地球自轉, 向日有遲早, 經線距一度時差四分, 十五度爲一小時. 周天三百六十度, 地球自轉一周, 極遲與極早之相差, 適爲二十四小時. 其關系於命理者.

위도의 선의 관계는 추위와 더위에 있고, 경도의 선의 관계는 시간에 있다. 바꿔 말하면 위도의 선의 영향은 월령月令에 있고, 위도의 선의 영향은 시지에 있다. 지구가 자전하면서 태양을 향하는 것에 시간이 있고, 경도의 선에서 1도가 떨어진 것에 4분의 시차가 있으니, 15도가 1시간이다. 전체 하늘이 360도이고, 지구가 자전하면서 한 바퀴 돎에 서로 시간의 차이는 단지 24시간이다. 그것이 명리에 관계되는 것은 다음과 같다.

一. 日出日沒. 中央觀象台之測算, 以東經一百二十度爲標準, 名曰標準時. 各省以標準時爲根據而加減之, 卽當地之時刻也. 譬如丁丑年十一月日出辰初一刻十分, 日入申正二刻五分. (普通曆書不知是否遵照觀象台所頒布, 今姑以此爲標準時刻.) 設所在之地不足東經一百二十度, 則應遞加, 每度加四分, 如北京, 東經一百十七度, 應加十二分. 日出辰初二刻七分, 日入申正三刻二分.

일출과 일몰. 중앙관상대에서 관측해서 계산하고 동경 120도를 표준으로 하여 표준시라고 명명한다. 각 성省에서는 표준시를 근거로 가감한 것이 바로 현지의 시간이다. 정축년 11월 일출은 진시 일각 10분이고, 일몰은 신시 정2각 5분이다. (보통의 역서曆書로는 관상대에서 반포한 것을 따르는지 아닌지 모르니, 이제 잠시 이것을 표준시로 한다.) 가령 소재한 곳이 동경 120도가 되지 않는다면 1도마다 4분을 더해야 하니, 북경이라면 동경 117로 12분을 더해야 한다. 일출 진시 초이각 7분, 일몰 신시 정삼각 2분.

蓋地球向日而轉, 我人見日有遲早也, 若在東經一百二十度外, 則應遞減, 每一度減四分, 如在日本東京, 東經一百四十度應減八十分, 我方辰初一刻十分, 始見日出, 在東京卯初初刻五分, 卽見日出矣. 東京見日之時刻,在我方爲卯初. 在東京當地, 則爲辰初, 而非卯初也.

　지구가 태양을 향해 돎에 우리가 태양을 보는 것에 빠르고 늦음이 있으니, 동경 120도 밖의 지역에 있다면 덜어내야 한다. 1도마다 4분을 덜어내니, 일본 동경에서 동경 140도라면 80분을 덜어내야 하고, 우리 쪽에서 진시 초일간 10분에 비로소 해가 떠오르는 것은 동경에서 묘시초 초각 5분에 곧 해가 나오는 것이다. 동경에서 해를 보는 시각은 우리쪽에서 묘시초이다. 동경 현지에서는 진시의 초이고 묘시의 초가 아니다.

　以上指標準時而言, 命理不取標準時而以當地之時刻爲準. 晝夜者, 日之陰陽也, 如距離近影響尚輕, 若生於北美, 則我國之午刻, 正彼方之子正. 若以標準時爲据, 豈非貽顚倒陰陽之誚乎.

　이상은 표준시로 말했는데, 명리는 표준시를 취하지 않고, 현지의 시간을 표준으로 한다. 주야는 태양의 음과 양으로 거리가 가까우면 오히려 영향이 작다. 북미에서 태어났다면, 중국에서의 오시가 바로 저쪽에서의 자정이다. 그런데 표준시를 근거로 하면 어찌 음양을 전도시킨 비난을 받지 않겠는가?

　二. 節氣交脫. 節氣交脫, 屬於緯度, 各地同時, 但因各地時刻不同 而生差異. 萬年歷所載, 尚沿前淸之舊, 以欽天監所在地東經一百十七度爲準. 較之沿海各省, 相差三度, 故照萬年歷時刻, 應減十二分. 譬如丁丑年冬至節爲申初初刻六分, 在沿海各省東經一百二十度之時, 應作未正三刻九分推之. 蓋雖在同一時刻, 交入冬至節, 在北京爲申初初刻六分而沿海各省爲未正三刻九分也.

절기의 교차와 벗어남. 절기의 교차와 벗어남은 위도에 속하고 각지에서 같은 시각인데, 다만 각지의 시간이 같지 않기 때문에 차이가 생기는 것이다. 만세력이 실려 있는 것은 여전히 이전 청대의 옛 것을 따른 것으로 흠천감 소재지에서 동경 117도를 표준으로 한 것이다. 연해의 각성과 비교하면 3도가 차이가 나기 때문에 만세력의 시간을 따르면 12분을 줄어야 한다. 가령 정축년 동지절의 신시초 초각 6분일 경우에 연해의 각 성은 동경 120도의 시간이니, 미시 정삼각 9분으로 추측해야 한다. 동일한 시간에 있을지라도 동지절로 교차하며 들어가는 것은 북경에서는 신시초 초각 6분인데, 연해의 각성에서는 미시 정삼각 9분이다.

以上經緯度之關系, 大旨如是. 或問, 木火 金水之氣候, 隨緯度而分別, 是誠然矣. 五行之土, 旺於何方乎. 曰古時分野, 以三河爲中心, 三河者, 河內河南河東三郡, 卽今之洛陽也. (見下分野二) 書云, 洛陽居天下之中, 乃從舊中原區立論, 地僅三郡, 氣候無殊. 竊謂土寄四隅, 本無一定地域.
　이상은 경도에 관계된 것으로 큰 의미는 이와 같다. 어떤 이가 "목

木木·화火·금金·수水의 기후가 위도에 따라 차이가 나는 것은 정말 그렇습니다. 오행은 어느 방향에서 왕성합니까?"라고 묻기에 다음처럼 답하였다. "옛날의 분야는 삼하三河를 중심으로 했습니다. 삼하三河는 하내河內·하남河南·하동河東 세 군으로 곧 지금의 낙양입니다. (아래의 분야 2에 있음) 책에서 '낙양이 천하의 중심에 있다.'라고 하는 것은 바로 옛 중원 구역에 따라 말한 것으로 땅이 겨우 세 군이라 기후의 차이가 없었던 것입니다. 가만히 생각해보면, 토土는 네 모퉁이에 붙어 본래 일정한 지역이 없습니다.

 土, 雜氣也, 凡生於高原之地者, 秉土之氣獨厚. 以東亞言, 則帕米爾高原是也, 遂我國論之, 則雲貴高原山西高原西藏外蒙高原皆是也. 凡高原之地, 氣候特殊, 一日之間, 寒暖迥別, 其於雜氣之義亦合. 土厚崇高, 秉賦自異, 更隨緯度, 而爲水土火之別, 應相近乎.

 토土는 섞여 있는 기운입니다. 고원지대에서 태어난 경우에 토土를 휘두르는 기운이 유독 두텁습니다. 아시아의 동부지역으로 말하면 파미르 고원이 여기에 해당하고 중국으로 말하면 운귀고원 산서고원 서장과 외몽고 고원이 모두 여기에 해당합니다. 고원지역은 기후가 특수해서 하루에도 차갑고 따뜻함이 아주 다르니 그 섞여 있는 기운이라는 의미에 또한 부합합니다. 토土의 두텁고 숭고함은 타고난 것이 본래 다르니, 다시 위도에 따라서 수水·토土·화火로 구별하면 접근할 수 있겠습니다."라고 답하였다.

　草本篇竣, 復念四時氣候, 雖寒來暑往, 而不能以寒暖溫度槪括一切. 譬如春分秋分, 溫度相同, 而有金木之殊是也. 節氣交脫屬於緯度, 各地同一時候, 冬至香港爲零上十五度, 歸綏庫倫等地爲零下若干度, 然其爲冬至節一陽來復則一也. 惟其中有申縮强弱之權輿而已, 閱者幸會其意.

　초목편이 끝나서 다시 사시의 기후를 생각하니, 추위가 오고 더위가 갈지라도 춥고 따뜻한 온도로 일체를 개괄할 수 없다. 가령 춘분과 추분은 온도가 서로 같지만 금금·목목의 다름이 여기에 해당한다. 절기의 교차와 벗어남은 위도에 속하고 각 지역의 동일한 시후時候인데, 동지에 홍콩은 영상 15도이고 귀수歸綏와 고륜庫倫 등의 지역은 약간 영하이지만 그때 동지절에 하나의 양이 와서 회복되는 것은 동일하다. 오직 그 가운데 늘어나고 줄어듦과 강하고 약함의 시초가 있을 뿐이니, 독자들은 그 의미를 잘 이해해야 할 것이다.

8. 분야를 논함 하 [論分野下]

古來列宿分野, 以二十八宿着天不動爲經, 五星(木, 歲星, 火, 熒星, 土, 壽星, 金, 太白, 水, 辰星.) 行於天, 若織之經緯, 爲緯, 周天十二宮, 而以二十八宿定宮度, 親危處女三宿所在之處, 卽知是子宮, 其下照臨之地, 卽靑州也. 古歌云,

옛날부터 모든 별자리의 분야는 28수가 하늘에 있으면서 움직이지 않는 것을 경경經으로 오성五星이 (목성은 세성歲星, 화성은 형성熒星, 토성은 수성壽星, 금성은 태백성太白星, 수성은 진성辰星임) 하늘에 운행되는 것은, 베를 짜는 데에 경위經緯와 같아, 위緯로 하였다. 12궁을 돌면서 28수로 궁도를 정해 친親·위危·처녀處女 삼수三宿가 있는 곳이 곧 자궁子宮임을 알고 그 아래 비추는 지역이 곧 청주이다. 옛날 노래에서 다음처럼 말하였다.

壽火析木星紀起, 玄枵娵訾降婁繼, 大梁實沈鶉首排, 鶉火鶉尾十二次.
수壽·화火·석목析木·성기星紀가 일어나고, 현효玄枵·추자娵訾·강루

降婁가 이으며, 대량大梁·실침實沈·순수鶉首가 물리치고, 순화鶉火·순미鶉尾가 12구역이다.

　壽壽星, 火大火, 三月日月會於壽星之次, (當是合朔) 故以壽星爲辰宮之星座. 以下列推.
　수壽는 수성壽星이고 화火는 대화大火로 3개월에 해와 달이 수성壽星의 구역에 모이기 (합삭合朔하는 것임) 때문에 수성壽星으로 진궁辰宮의 성좌로 삼는다. 이하는 배열하여 미룬 것이다.

　鄭宋燕吳齊衛魯, 趙晉秦周更及楚. (此言十二國名) 兗豫幽楊靑, 與並徐冀益雍三河荊, (此言十二地名)茲列表如下.
　정鄭·송宋·연燕·오吳·제齊·위衛·노魯·조趙·진晉·진秦·주周에서 다시 초楚까지. (여기에서는 12나라를 말함) 연兗·예豫·유幽·양楊·청靑과 병幷·서徐·기冀·익益·옹雍·삼하三河·형荊. (여기에서는 12지명을 말함)

궁宮	수宿	성星	지명地名	국명國名	방위方位
진辰	수성壽星	각角·항亢	연兗	정鄭	동東
묘卯	대화大火	저氐·방房·심心	예豫	송宋	중中
인寅	석목析木	미尾·기箕	유幽	연燕	북北
축丑	성기星紀	두斗·우牛	양揚	오吳·월越	동남東南
자子	현효玄枵	여女·허虛·위危	청青	제齊	동東
해亥	추자娵訾	실室·벽壁	병幷	위衛	북北
술戌	강루降婁	규奎·루婁	서徐	노魯	동남東南
유酉	대량大梁	위胃·묘昴·필畢	기冀	조趙	동북東北
신申	실침實沈	자觜·삼參	익益	진晉	서西
미未	순수鶉首	정井·귀鬼	옹雍	진秦	서북西北
오午	순화鶉火	류柳·성星·장張	삼하三河	주周	중中
사巳	순미鶉尾	익翼·진軫	형荊	초楚	남南

연兗	山東舊東昌府中, 及兗州濟南青州之西北, 直隸大名府, 正定河間之東南境, 皆古兗州境. 산동의 옛 동창부와 연주 제남 청주 서북은 대명부에 직속된 것으로 정정과 하간의 동남부는 모두 옛날 연주의 경계이다.
예豫	今河南, 及舊山東之曹州, 湖北之襄陽, 鄖陽, 皆其地. 지금의 하남과 옛날 산동의 조주, 호북의 양양 운양이 모두 그곳이다.
유幽	今直隸奉天兩省, 並有山東登州萊州二府地. 지금의 직속된 봉천의 두 성과 아울러 산동의 등주와 내주 두 관부의 땅이다.

양 楊	今江苏安徽, 江西浙江福建之地, 皆屬之. 지금의 강소 안휘 강서 절강 복건의 땅이 모두 여기에 속한다.
청 青	今山東膠東道, 及濟南道東境皆是 지금의 산동 교동도와 제남 도동의 땅이 모두 여기에 해당한다.
병 幷	今山西之太原, 大同, 及直隷之正定保定, 以地在兩谷之間, 故名爲幷. 지금의 산서에서 태원·대동과 직속된 정정과 보정은 두 계곡의 사이에 있는 땅이기 때문에 병이라고 지명을 삼았다.
서 徐	今江苏徐州及邳縣, 山東兗州安徽之宿縣泗縣, 皆其地. 지금의 강소에서 서주와 비현, 산동에서 연주와 안휘의 숙현 사현이 모두 그 땅이다.
기 冀	今直隷山西二省, 及河南黃河以北, 奉天遼河以西之地皆是. 지금 산서에서 두 성에 직속된 것과 하남 황하 이북, 봉천 요하 이서의 땅이 모두 여기에 해당한다.
익 益	漢置, 今四川省. 한나라에서 두었던 것으로 지금 사천성이다.
옹 雍	今陝西甘肅二省, 及青海額濟納等處, 皆是其地. 惟陝西之舊漢中興安商州. 甘肅之舊階州, 爲古梁州域. 지금의 협서 감숙 두 성과 청해 액제납 등이 모두 그 땅이다. 다만 협서에서 옛날 한나라 중의 홍안과 상주, 감숙에서 옛 계주가 고량주 구역이다.
삼하 三河	漢以河內河南河東三郡爲三河, 卽今之洛陽也. 한나라에서는 하내 하남 하동 세군을 삼하라고 했으니, 곧 지금의 낙양이다.
형 荊	今湖南湖北及四川舊遵義重慶二府, 貴州舊思南銅仁思州名阡等府. 及廣西之全縣, 廣東之連縣, 皆其地. 지금의 호남 호북과 사천의 옛날 준의와 중경 이부, 귀주의 옛날 사남 동인 사주에서 천등부라고 이름 붙인 곳과 광서의 전체 현, 광동의 연현이 모두 그 땅이다.

星命之學, 向分星平兩派. 星家重在宮度, 飛星刻度, 關於宮宿分野者至巨. 子平重在氣候, 所謂分野者, 不過地有東西南北之殊, 氣候有寒暖燥濕之異, 當旺時期有久暫, 力量有強弱, 如是而已. 觀上列分野, 並無顯明之界限, 地域廣狹懸殊, 蓋以黃河流域舊中原區爲主. 其餘未開辟之地, 意爲推測而已.

성명이라는 학문은 이전에 성가星家와 자평子平의 두 파로 나누었었다. 성가星家는 중심이 궁도에 있어 유성을 도수로 나눠 헤아렸으니, 궁과 수의 분야에 관련된 경우가 아주 많았다. 자평子平은 중심이 기후에 있었으니, 이른바 분야는 땅에 동서남북의 다름이 있고, 기후는 한난조습의 차이가 있는 것에 불과하였으니, 왕성할 때에 시기의 길고 짧음이 있고 역량의 강함과 약함이 있는 것이 이와 같을 뿐이었다. 위에서 나열한 분야를 보면 ,아울러 분명하게 드러나는 한계가 없고 지역의 넓고 좁음이 아주 다르니, 황하 유역에서 옛 중원의 구역을 위주로 한 것이다. 그 나머지 개척되지 않았던 곳은 아마도 추측해야 할 것 같다.

춘春	목木	正月之木, 見火多則泄, 徐楊人, 晝生者疾. 見水多則寒, 雍冀生者貧寒. 정월의 목에 화가 많으면 기운을 누설하니, 서와 양의 사람으로서 낮에 태어난 자는 병에 걸린다. 수가 많으면 차가우니, 옹과 기에서 태어난 자는 빈한하다. 二月之木, 見火多, 兗靑人, 富貴無處, 徐楊人美中不足. 이월의 목은 화가 많으니, 연과 청의 사람은 부귀가 있을 곳이 없고, 서와 양의 사람은 아름다운 가운데 부족함이 있다. 三月之木, 逢金, 荊梁生者凶, 徐楊人富貴. 以上喜東南, 忌西北. 삼월의 목이 금을 만나니, 형과 양에서 태어난 자는 흉하고, 서와 양에서 태어난 자는 부귀하다. 이상은 동남을 반기고 서북을 꺼린다.
하夏		四月之木, 宜水不宜金, 徐楊人見金反吉, 以火土旺, 金能生水故也. 사월의 목은 수가 마땅하고 금은 마땅하지 않은데, 서와 양에 태어난 사람은 금을 보면 도리어 길하니, 화와 토가 왕성해서 금으로 수를 낳을 수 있기 때문이다. 五六月, 火多木槁, 徐楊人瘋癆熒燎之凶. 土多, 兗靑生者爲財. 오유월은 화가 많아 목이 목마르니, 서와 양에서 태어난 사람은 병들고 미미하게 빛나는 흉함이 있다. 토가 많으면 연과 청에서 태어난 자는 재가 된다.
추秋		七月木氣絕, 忌金. 處暑後, 荊梁人忌之, 喜水引化. 칠월의 목은 기운이 끊어져 금을 꺼린다. 처서 뒤에는 형과 양에 태어난 사람은 꺼리고, 수가 끌어당겨 변화시키는 것을 반긴다.

		水盛無土, 冀雍人飄蕩, 徐楊人反凶成吉. 秋陽燥烈, 喜水爲解, 兗青人尤吉. 수가 성대하고 토가 없으면 기와 옹에 태어난 사람은 바람에 쓸려가고, 서와 양에 태어난 사람은 흉함을 되돌려 길하게 된다. 가을의 태양은 조열하여 수가 풀어주는 것을 반기니, 연과 청에서 태어난 사람은 더욱 길하다.
동冬		忌水盛飄流, 冀雍人尤忌, 宜東南. 수가 많아 표류하는 것을 꺼리니, 기와 옹에서 태어난 사람은 더욱 꺼려 동남으로 운이 흘러야 한다. 十月水土寒冷, 仗火溫暖, 徐楊人利就名成, 冀雍人貧寒孤尅. 시월의 수는 토가 한랭하니 화에 의지하여 따뜻하게 해야 한다. 서와 양에서 태어난 사람은 이익으로 나아가 명성을 이루고, 기와 옹에서 태어난 사람은 빈한하고 외로운 하인이다. 十一二月嚴寒冰凍, 寒木向陽, 喜火溫暖, 徐楊人貧賤壽, 富貴夭. 荊梁人雖損無礙. 宜南方, 次東方. 십일이월은 아주 춥고 꽁꽁 얼어붙어 차가운 목이 태양을 향하니, 화의 따뜻함이 반갑다. 서와 양에서 태어난 사람으로 빈천하면 장수하고 부귀하면 요절한다. 형과 양에서 태어난 사람은 잃어도 꺼림이 없는데, 남방으로 흘러야 하고 동방은 그 다음이다.
춘春	화火	逢金爲財, 徐楊兗青人富而好禮, 逢金値水則夭, 荊梁冀雍生人尤甚. 금을 만나 재로 삼으면, 서와 양과 연과 청에서 태어난 사람은 부유하고 예를 좋아하며, 금을 만나고 수를 가지면 요절하며, 형과 양과 기와 옹에서 태어난 사람은 더욱 심하다.

하夏		得水則貴, 惟冀雍生人, 水不宜盛. 見木, 青兗徐楊人富而夭亡, 冀雍荊梁人, 富而益富, 宜西北, 忌東南. 수를 얻으면 귀한데, 다만 기와 옹에서 태어난 사람은 수가 성대해서는 안된다. 목을 보면 청과 연과 서와 양에서 태어난 사람은 부유한데 요절하여 망하고, 기와 옹과 형과 양에서 태어난 사람은 부유하고 더욱 부유하니 서북이 마땅하고 동남을 꺼린다.
추秋		有金無木, 主弱敵强, 冀雍荊梁人因財致禍. 喜東南, 忌西北. 금이 있고 목이 없으면 주인이 약하고 적이 강하니 기와 옹과 형과 양에서 태어난 사람은 재물 때문에 화가 닥친다. 동남이 반갑고 서북을 꺼린다.
동冬		徐楊兗青人, 得水制無咎, 見金爲財. 兗青徐楊人主富, 荊梁冀雍人爲凶, 宜東南, 忌西北. 서와 양과 연과 청에서 태어난 사람은 수를 얻어 제재하면 허물이 없고 금을 보면 재물로 삼는다. 연과 청과 서와 양에서 태어난 사람은 주로 부유하고, 형과 양과 기와 옹에서 태어난 사람은 흉하니 동남이 마땅하고 서북을 꺼린다.
춘春	토土	正二月木盛土崩, 徐楊人干支有火無咎, 見火引化富貴, 見水凶. 水生旺木, 冀雍人貧寒疾夭. 徐楊人干支有火者, 反吉. 일이월에는 목이 성대해서 토가 붕괴되니 서와 양에서 태어난 사람으로서 간지에 화가 있으면 허물이 없고, 화가 있어 끌어서 변화시키면 부귀하며, 수가 있으면 흉하다. 수의 생으로 왕성한 목이면, 기와 옹에서 태어난 사람은 빈한하고 병들어 요절한다. 서와 양에서 태어난 사람으로서 간지에 화가 있는 자는 도리어 길하다. 三月之土, 見木盛非疾則夭, 徐楊豫人無害.

	삼월의 토는 목의 성대함을 보면 병들지 않으면 요절하고, 서와 양과 예에서 태어난 사람은 해가 없다. 水木同度, 貧薄. 冀雍兗人尤甚. 喜南方, 西方次之. 수와 목이 같은 정도이면 빈곤하다. 기와 옹과 연에서 태어난 사람은 더욱 심하다. 남방을 반기고 서방은 다음이다.
하夏	四月之土, 見水爲財, 徐楊人富足. 見金遇木則貴. 사월의 토는 수가 있으면 재물로 삼으니, 서와 양에서 태어난 사람은 풍족하고, 금을 보고 목을 만나면 귀하다. 五六月之土, 見火則燥. 徐楊人干支火盛者, 輕危重死. 陰雨夜生者爲災不重. 若雍冀人, 干支又見水制者, 富貴非凡. 宜西北, 忌南方. 오유월의 토는 화를 보면 메마르니, 서와 양에서 태어난 사람으로서 간지에서 화가 성대한 경우는 가벼우면 위태롭고 무거우면 죽는다. 비가 오고 밤에 태어난 자는 재앙이 무겁지 않다. 옹과 기에서 태어난 사람으로 간지에서 또 수의 제재가 있으면 부귀가 비범하고, 서북은 마땅하고 남방은 꺼린다.
추秋	金旺洩氣, 徐楊荊梁人富貴而壽. 西北人不免冷退怯弱. 水爲財, 徐楊豫人大富. 冀雍荊梁人水過盛, 反主貧薄. 喜南方, 西北東均忌. 금이 왕성하여 기운을 빼주니, 서와 양과 형과 양에서 태어난 사람을 부귀하고 장수하며, 서북의 사람은 춥게 물러나있고 겁이 많아 약하다. 수가 재물이면, 서와 양과 예에서 태어난 사람은 아주 부유하다. 기와 옹과 형과 양에서 태어난 사람은 수가 지나치게 성대해서 도리어 주로 빈곤하다. 남방을 반기고 서북과 동은 모두 꺼린다.

동冬		水寒土凍, 徐楊人干支火多大富. 最喜南方, 忌行西北. 수가 차고 토가 얼어 서와 양에서 태어난 사람으로서 간지에 화가 많으면 아주 부유하다. 남방을 아주 반기고 서북으로 흐르는 것을 꺼린다.
춘春		值木盛旺, 荊梁雍人, 逢之主富, 徐楊人, 土多者貴. 목이 성대하고 왕성하면 형과 양과 옹에서 태어난 사람이 이 것을 만나면 주로 부유하고, 서와 양에서 태어난 사람으로 토가 많은 경우는 귀하다.
하夏		見木爲財, 荊梁豫人, 多主富貴. 遇水孤寒, 火土同行富貴康寧. 喜土金, 忌木火. 목을 보고 재물로 삼으면, 형과 양과 예에서 태어난 사람은 대부분 주로 부귀하고 수를 만나면 미천하며, 화와 토는 동행하면 부귀하고 강녕하다. 토와 금이 반갑고 목과 화를 꺼린다.
추秋	금金	見木爲財, 徐楊兗靑人富而且貴, 見水, 冀雍人忌之, 徐楊不忌. 목을 보고 재물로 삼으면, 서와 양과 연과 청에서 태어난 사람은 부유하고 또 귀하며, 수를 보면 기와 옹에서 태어난 사람은 꺼리고 서와 양에서 태어난 사람은 꺼리지 않는다. 逢土則晦, 兗靑人富貴居多, 豫人困滯. 喜東南, 忌西北. 토를 만난 것이 어둡다면, 연과 청에서 태어난 사람은 부귀한 것이 많고, 예에서 태어난 사람은 곤궁하고 막힌다. 동남을 반기고 서북을 꺼린다.
동冬		十月干支無土, 徐楊人日生貧夭, 夜生孤寒. 遇上豐足, 水木不利. 시월에 간지에 토가 없으면 서와 양에서 태어난 사람은 평생 빈곤하고 요절하며, 밤에 태어나면 미천하다. 토의 풍족함을 만나면 수와 목은 이롭지 않다.

		十一二月, 喜火溫金, 徐楊人無火亦吉. 遇土者, 火者貴, 冀雍人有 土無火, 孤貧, 見水則寒, 西北人貧夭. 徐楊人干支有火土, 福壽. 遇木爲財, 主富. 兗靑人主妻孥犯分, 荊梁豫人吉. 喜東南忌西北. 십일이월에는 화의 따뜻함과 금을 반기는데, 서와 양에서 태어난 사람은 화가 없어도 길하다. 토를 만날 경우에는 화가 귀하고, 기와 옹에서 태어난 사람으로서 토가 있고 화가 없으면 미천하고, 수를 보면 빈한하니, 서북의 사람은 빈천하고 요절한다. 서와 양에서 태어난 사람으로서 간지에 화와 토가 있으면 복이 있고 장수한다. 목을 만나 재물로 삼으면 주로 부귀하다. 연과 청에서 태어난 사람은 주로 처자식이 분수에 넘는 짓을 하고, 형과 양과 예에서 태어난 사람은 길하다. 동남을 반기고 서북을 꺼린다.
춘春	수水	正月之水, 見金生助, 徐楊最佳. 정월의 수로 금을 보고 생조를 받으면 서와 양에서 태어난 사람이 가장 아름답다. 二三月之水, 遇金生助, 徐楊人干支得土無咎, 木氣正旺, 兗靑人主風怯之疾, 得金助無患. 이삼월의 수로 금을 만나 생조를 받으면 서와 양에서 태어난 사람으로서 간지에서 토를 얻으면 허물이 없고, 목의 기운이 곧고 왕성하면 연과 청에서 태어난 사람은 주로 풍과 겁이 많은 질병이 있다. 금의 도움을 얻으면 우환이 없다.
하夏		四月土燥水涸, 徐楊人干支無金水者, 疾夭, 逢水, 利就名成. 사월에는 토가 메마르고 수가 마르니 서와 양에서 태어난 사람으로서 간지에 금과 수가 없는 경우에는 질병으로 요절하고, 수를 만나면 이익으로 나아가 명성을 이룬다.

	夏令金衰, 荊梁豫人値之則吉. 여름에는 금이 쇠약하니 형과 양과 예에서 태어난 사람이 만나면 길하다. 五六月之水, 喜土同行, 見木亦主富貴, 但木洩氣, 兗青生人忌之. 오유월의 수는 토가 동행하는 것을 반기고 목을 보면 또한 주로 부귀한데, 다만 목의 기운을 누설하니, 연과 청에서 태어난 사람은 꺼린다. 干支有金水者吉, 火鄕最忌. 간지에 금과 수가 있는 자가 길하면 화의 방향을 가장 꺼린다.
추秋	最喜恩金, 徐楊豫人, 干支火土多者, 因滯貧夭. 은혜로운 금을 가장 반기면, 서와 양과 예에서 태어난 사람으로서 간지에 화와 토가 많은 경우는 그 때문에 정체되어 빈곤하고 요절한다. 利西北, 忌東南. 서북을 이롭게 여기고 동과 남을 꺼린다.
동冬	喜火溫暖, 徐楊人富貴, 冀雍人値之水冷金寒, 主貧薄, 得火則吉. 화의 따뜻함을 반기면, 서와 양에서 태어난 사람은 부귀하고, 기와 옹에서 태어난 사람이 차가운 수와 싸늘한 금을 만나면 주로 빈곤하니, 화를 얻으면 길하다. 單見土金, 骨肉參商, 喜南方, 東方次之. 단지 토와 금을 만날 뿐이면, 골육이 서로 만나지 못하니, 남방을 반기고 동방은 그 다음이다.

以上摘錄三命通會時地分野節, 雖爲臆測之詞, 可悟強弱增減之法. 從前中原區域, 範圍狹小, 風土無大殊異, 四邊之地, 草莽未辟, 疆域遼闊, 難以推測, 只此已足, 無須深求. 現代則不然, 經緯井然, 雖生於異國, 不難按圖索驥, 氣候遲早, 所關至巨. 倘不明各地之情況, 鮮有不錯誤者, 茲以予所經歷, 列數造於下.

이상은 『삼명통회』「시지분야」에서 발췌한 것으로 억측하는 말일지라도 강함과 약함에 대한 더하고 더는 법을 깨달을 수 있다. 종전의 중원구역은 범위가 협소하여 풍토에 크게 차이가 없었고, 사방의 땅은 개척되지 않아 잡초가 무성했으며, 국토는 아득히 광활해서 추측하기 어려웠으니, 이것만으로도 이미 충분해서 굳이 깊이 추구할 것이 없었다. 현대에는 그렇지 않고 경위가 반듯해서 다른 나라에서 태어났을지라도 어렵지 않게 교본대로 필요한 것을 찾을 수 있으니, 기후의 이름과 늦음에 관련된 것이 지극히 많은 것이다. 혹 각지의 사정에 밝지 않아 잘못될 수 있으니, 이에 내가 경험한 것으로 몇 명의 명조를 아래에 나열한다.

丙 壬 丙 癸
午 寅 辰 巳

此造曾載滴天髓補注. 生於立夏前雨時, 依理而論, 壬水通根辰庫, 應作財多身弱論. 然此人生於貴陽, (北緯二十六度半) 雖在立夏節前, 應作丁巳月論. 火土早已當旺, 確爲從才格. 故行癸丑壬子幇身運, 從才破格, 飄零以死. 此造如生於西北, 必以財多身弱論, 行北方運, 必大富矣.

이 명조는 『적천수보주』에 실었던 것이다. 입하 전 비올 때에 태어났는데, 이치대로 논하면 임수壬水가 진辰의 고庫에 통근해서 재다신약財多身弱으로 말해야 한다. 그런데 이분은 (북위 26.5도인) 귀양에서 태어났으니, 입하절 전일지라도 정사丁巳월로 논해야 한다. 화火와 토土가 일찍이 이미 왕성하게 되어 확실히 종재격從才格이다. 그러므로 계축癸丑·임자壬子로 일간을 돕는 운으로 흘러 종재격이 파격이 되니, 가엾이 떠돌다가 죽었다. 이 명조가 서북에서 태어났다면 반드시 재다신약財多身弱으로 논해야 하고, 운이 북방으로 흘렀다면 반드시 큰 부자가 되었을 것이다.

癸 戊 丙 己
亥 辰 子 酉

此造亦財多身弱, 法取丙火爲用, 然丙火無根, 又行西北運, 丙火無力, 難望有成. 喜得生於台灣, (北緯二十六度) 地處東南, 木火皆得地, 丙透甲藏財星秉令, 生成富格. 此造如生在西北, 必然貧窮, 申酉運中, 恐難安渡也.

이 명조도 재다신약財多身弱으로 병화丙火를 용신으로 하는 것이 모범인데, 병화丙火에 뿌리가 없고 또 운이 서북으로 흘러 힘이 없으니 성공을 바라기 어렵다. 반갑게도 (북위 26도인) 대만에서 태어나 동남에 있으니, 목木과 화火가 제 있을 곳을 얻고 병화丙火가 천간에 있으며 갑목甲木이 지장간에 있으면서 재성이 권력을 휘두르니 부자의 격이 되었다. 이 명조가 서북에서 태어났다면 반드시 빈궁하게 살았을 것이고, 신申과 유酉운 중에 편안하게 살기 어려웠을 것이다.

甲 辛 己 辛
午 卯 亥 亥

此造辛金生於十月初, 金水傷官, 初冬氣候溫和, 不需要調候, 己土出干, 混濁壬水, 難以貴取. 然其人生於海參威, (北緯四十八度) 雖在初冬, 當以十一月之氣候論之, 午火調候, 極爲得力, 金寒水凍, 得甲木引丁, 便作貴論. 故少年得意, 平步靑雲. 亥卯會局爲財, 助生火旺, 更得妻財之益.

이 명조는 신금辛金이 10월초에 태어나 금수金水상관인데 초겨울에 기후가 온화하여 조후가 필요하지 않다. 기토己土가 천간에 있어 임수壬水를 혼탁하게 하니 귀하게 되기 어렵다. 그렇지만 그 사람이 (북위 48도인) 블라디보스토크에서 태어났으니 초겨울일지라도 11월의 기후로 논해야 하는데, 오화午火의 조후가 아주 힘이 있고 차가운 금과 얼어붙은 물이 갑목甲木을 얻어 정丁을 끌어당기니 다시 귀한 것으로 논해야 한다. 그러므로 소년에 뜻을 얻어 단번에 높은 지위에 올랐다. 해亥와 묘卯로 모인 것이 재성이 되어 화火의 왕성함을 낳으니, 다시 부인의 재산으로 유익하게 되는 것이다.

壬 戊 丁 戊
子 寅 巳 子

此造戊土生於四月, 火旺土燥, 得壬水爲救, 必然富足多財. 無如其人生於香港, 火土太旺, 壬水無金, 則爲無源之水, 更見丁戊並透, 比肩爭財. 猶幸壬水臨旺子地以爲救, 衣祿無憂. 此造如生於西北, 則富貴非凡矣.

이 명조는 무토戊土로 사월에 태어나 왕성한 화火로 토土가 메말랐는데, 임수壬水를 얻어 구제되었으니, 반드시 풍족하게 재산이 많았을 것이다. 안타깝게도 홍콩에서 태어나 화火와 토土가 너무 왕성하고, 임수壬水에 금金이 없으니, 근원이 없는 물에다가 다시 천간에 정丁과 무戊가 나란히 있어 비견이 재성을 다투는 것이다. 그나마 다행스럽게 임수壬水가 자子에 제왕지로 있어 구원해서 봉록에 근심이 없다. 이 명조가 서북에서 태어났다면 부귀가 비범했을 것이다.

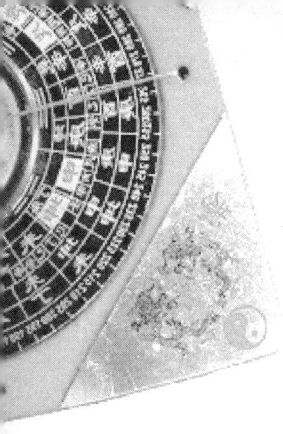

子平粹言 제3권

초판 인쇄 _ 2020년 6월 25일
초판 발행 _ 2020년 6월 30일

지은이 _ 서락오
옮긴이 _ 김학목 ı 이진훈 ı 김규승 ı 오청식
펴낸이 _ 김규승
펴낸곳 _ 도서출판 **어은**
주 소 _ 서울특별시 강남구 도곡동 대림 아크로텔 c동 2911호
전 화 _ 010-9304-9692
전자우편 _ pommard1515@naver.com
등록번호 _ 제2015-000130호(2015.2.16)

디자인 _ 박상헌
표 지 _ 미가디자인 박종숙

ISBN _ 979-11-955408-3-9 94180
979-11-955408-1-5 (세트)

정 가 _ 20,000원

· 저자와의 협약에 의해서 인지를 생략합니다.
· 이 책은 도서출판 어은이 저작권자와의 계약에 따라 발행한
  것이므로 허락 없이 어떠한 형태나 수단으로 복제할 수 없습니다.
· 파본이나 잘못 인쇄된 책은 구입하신 서점에서 교환해드립니다.